POWERFUL
AND
ELEGANT
LADY

张晓立 著

邓文迪
女人可以活得更精彩

华中科技大学出版社
http://press.hust.edu.cn
中国·武汉

图书在版编目(CIP)数据

邓文迪:女人可以活得更精彩/张晓立著.—武汉:华中科技大学出版社,2019.6(2024.11重印)
ISBN 978-7-5680-5152-1

Ⅰ.①邓… Ⅱ.①张… Ⅲ.①邓文迪-传记 Ⅳ.①K837.128.5

中国版本图书馆 CIP 数据核字(2019)第 070858 号

邓文迪:女人可以活得更精彩　　　　　　　　　　　　　　　张晓立　著
Deng Wendi:Nüren Keyi Huo de geng Jingcai

策划编辑:沈　柳
责任编辑:康　艳
封面设计:璞茜设计
责任校对:刘　竣
责任监印:朱　玢

出版发行:华中科技大学出版社(中国•武汉)　　电话:(027)81321913
　　　　　武汉市东湖新技术开发区华工科技园　　邮编:430223
录　　排:武汉蓝色匠心图文设计有限公司
印　　刷:湖北新华印务有限公司
开　　本:710mm×1000mm　1/16
印　　张:15.75
字　　数:148 千字
版　　次:2024 年 11 月第 1 版第 15 次印刷
定　　价:42.00 元

本书若有印装质量问题,请向出版社营销中心调换
全国免费服务热线:400-6679-118　竭诚为您服务
版权所有　侵权必究

前言

从小镇姑娘,到耶鲁大学商学院高才生;从一个平凡的女人,到传媒大亨鲁伯特·默多克的妻子,还曾是"全球十大顶级豪门阔太",邓文迪被称为"现实版的仙德瑞拉"。

这是一个价值观日趋多元化的时代。一直以来,邓文迪都是处在风口浪尖上的、饱受争议的华人女性,也是智慧、野心和超凡人格魅力的综合体。她出生于中国,行为却更像西方女性;她内心强大,外在强势,总是热情洋溢,充满自信,有着极强的主动性,善于把握生命中的每一次机会。

纵观邓文迪与默多克十四年的婚姻,邓文迪不仅是默多克的妻子,还是默多克的战友、代言人、左膀右臂……

在媒体看来,邓文迪是天生的社交好手,她有着迷人的社交风采,人脉关系网络几乎遍布全世界。邓文迪和"时尚女魔头"安娜·温图尔交情匪浅,奥斯卡影后妮可·基德曼及美国"第一千金"伊万卡·特朗普、希腊船王继承人斯塔夫罗斯之妻——名媛达莎·朱可娃都是邓文迪的闺中密友,法国前第一夫人——卡拉·布吕尼也在邓文迪的朋友圈中,知名女演员巩俐、章子怡、李冰冰、刘嘉玲等均与邓文迪交好。硅谷科技圈的大佬们也是邓文迪的座上宾,邓文迪曾在自家庄园招待过不少商界名流。

邓文迪从未停止前进的脚步,她在多种角色和身份间自如地游走,一直热衷于慈善和公益事业,担任电影制片人,进军投资界,辗转于时尚圈、艺术圈。

2013年,邓文迪与默多克十四年的婚姻宣告终结。

过往所有的挫折、打击,都化作了她坚实的铠甲。此后世事浮沉,不抵她唇边云淡风轻的微笑。

邓文迪的人生是一则不可复制的传奇,是一个充满传奇色彩的神话。

默多克传记的作者迈克尔·沃尔夫说,没有默多克,邓文迪仍然能过上自己想要的生活。

邓文迪,这个长袖善舞且热爱冒险的女子,她的下一站会在哪里?

001	**第一章　不甘平凡的平凡女人**
002	1.女人本来就很强大
009	2.与默多克的缘起缘灭
016	3.离婚的中年女人依然耀眼

027 第二章 抓住机遇，迅速蜕变

028 1.徐州女孩的"美国梦"

037 2.贵人相助，漂洋过海

045 3.一段婚姻换来的绿卡

052 4.耶鲁高才生

060 5.飞机上"捡到"的实习机会

069 第三章　结缘传媒大亨默多克

070 　　1.鸡尾酒会上的邂逅

077 　　2.办公室里的每个男人都迷恋她

085 　　3.嫁入豪门

094 　　4.初为人母

100 　　5."虎妻"护夫,一捆成名

109　第四章　有事业的女人更迷人

110　1.打造娱乐帝国

115　2.初出茅庐的电影出品人

124　3.有野心的豪门太太

130　4.朋友满天下的社交明星

139　5.芭莎明星慈善夜上的"标后"

目录 | 005

147	**第五章　星光熠熠的朋友圈**
148	1.闺中密友章子怡
152	2.相知多年邬君梅
158	3.深受李冰冰赞扬的育儿理念
166	4.美国"第一千金"伊万卡
173	5.西方媒体眼里的社交达人

179　第六章　当传奇女人遭遇离婚

180　1. 离婚真相

188　2. 失去豪门，精彩继续

195　3. 邓文迪最爱的男人是谁

203	**第七章 "邓文迪式"成功之路**
204	1. 为自己而活
211	2. 主动才有机会
216	3. 女不强大天不容

223	第八章 彪悍的人生不需要解释
224	1.理智是女人的顶级魅力
229	2.名副其实的"虎妻"
233	3.现实版的"灰姑娘"

身处一个瞬息万变的时代，一个女人最终能够依仗的，只有自己。

第一章
不甘平凡的平凡女人

1 女人本来就很强大

1997年,在庞大的传媒帝国——新闻集团的一场高层鸡尾酒会上,觥筹交错间,人们谈笑风生。原本没有资格参加此次酒会的邓文迪施施然走进大厅,几乎没有人关注这个身材高挑的女人。

新闻集团的主要股东、董事长兼行政总裁默多克向身边人频频举杯,兴致正浓。之后,默多克一直独自坐在角落里小憩。这时,端着红酒杯的邓文迪走过来,"不小心"将红酒洒在默多克的裤子上,邓文迪随即抱歉地蹲下,为默多克擦拭裤子上的红酒渍。她的这一举动,使默多克注意到这个长着一副典型东方面孔的女人。

关于这次邂逅,坊间一度传出"红酒浇身,一见钟情"的轶闻。

1998年，邓文迪与默多克以爱侣的身份，手牵手出现在公共场合。1999年，默多克结束了长达32年的婚姻。在离婚仅17天后，世界传媒大亨默多克便迎娶了邓文迪。

31岁的邓文迪如愿嫁给身家上百亿美元的传媒大亨。从平平无奇的灰姑娘到全球顶级豪门阔太，邓文迪的经历一度成为最热门的话题，伴随无数争议，她的传奇经历至今仍为人们津津乐道。

31岁，许多这个年龄的女孩或许刚结婚不久，正为供房子、供车子、养孩子而苦苦打拼；然而，同样是31岁的年龄，有过一段婚史的邓文迪嫁入世界级豪门，成为纽约上流社会的社交明星。至此，这个从中国徐州走出来的平凡女孩将自己的人生写成了一则传奇故事。

2010年，邓文迪位居全球十大超级富豪太太榜榜首。默多克创建了目前世界上国际化程度最高、规模最大的媒体集团之一——新闻集团，主营电影以及电视节目制作和发行，涵盖了无线电视、卫星电视，以及有线电视广播、报纸、杂志、图书出版等等，公司净资产逾400亿美元。据相关人士保守估计，默多克的个人财产至少有110亿美元。作为默多克的第三任妻子，邓文迪嫁入的不是一般豪门，而是世界顶级豪门。

论相貌，邓文迪没有倾国倾城之色；论身材，也只能称得上高挑。那么，她究竟凭什么俘获了传媒大亨的心，嫁入世界级豪门呢？

从照片和媒体对她的文字记载中不难看出，邓文迪虽然长得不美，却风情万种；她虽然没有袅娜的身段，却热情洋溢，充满自信，让每一个接近她的人都感受到勃勃生机和活力。此外，她坚强独立的个性以及积极向上的人生态度尤其令人难忘。

邓文迪凭借自身迷人的社交风采和人格魅力，使一众优秀的男人，包括世界级富豪都成为她的裙下臣。或许，在一些人眼里，她通过婚姻上位，每一段婚姻都使她的人生增值——无论是有意为之，还是无心的幸运，这些都是不争的事实。虽然她一度被人诟病，甚至被有些媒体称为"心机女"，但她从不在意世人的眼光。

邓文迪几乎将所有精力、时间都放在了实现自己的梦想上，对外界的评论和看法自然无暇顾及。

在如愿嫁入豪门、成为默多克太太后，邓文迪并没有甘心做一个清闲的家庭主妇，相夫教子，安于富贵生活。当爱情和婚姻已尘埃落定，她开始在商场上开疆拓土。

相比许多婚后相夫教子、安享一蔬一饭的女人的平凡生活，邓文迪显得有些过于活跃。或许，她天生就是不甘寂寞的，她渴望在舞台上闪耀，成为世人瞩目的焦点。没过多久，邓文迪开始和弗洛伦斯·斯隆合作制作电影《雪花秘扇》，二人在中国创建了一家电影公司，名为"大脚"，邓文迪请来王颖担任《雪花秘扇》的导演，又请到休·杰克曼参与演出。为了这部电影，邓文迪在各地飞来飞去，俨然一个娱乐界女强人。

休·杰克曼曾这样评价邓文迪："她总是对娱乐行业很好奇，总是喜欢打听细节。她经常和默多克讨论这些东西，我则被晾到一边，她很喜欢这些，他们能一直谈娱乐圈的事情到永远。"

作为《雪花秘扇》的导演，王颖也见识了邓文迪坚韧的个性。《雪花秘扇》最初选定的女主角是章子怡，但就在快要开机的时候，章子怡因故退出。时间紧迫，邓文迪必须尽快找到一名能代替章子怡的女演员，且这名女演员英语要好，要有相当大的魅力，在国际上也应有关注度。邓文迪便找到李冰冰，经过不懈努力，最终李冰冰同意出演。为了这部电影，邓文迪几乎动用了自己所有的资源，对拍摄过程中的大事小情亲力亲为，严格把控每一个细节。然而，这部大投资、大制作的影片上映后，却褒贬不一，引发了不小的争议。对此，邓文迪说争议可以产生热点，热点可以激发更多西方的制片人来中国拍电影，最终让中国电影通过这种方式发行到国外。

邓文迪在嫁入豪门、如愿达成自己的目标后，没有止步不前。确切地说，她是一个勇攀高峰、不断追求卓越和进步的女人。在登顶婚姻这座高山后，她的下一个目标是攀上事业这座高山。

有些女性在结婚生子后，往往陷于琐碎的家庭事务中。在经济条件允许的情况下，她们坦然地放弃了自己大放异彩的事业，专心在家做起全职太太，没几年便练就了坚实的臂膀、粗壮的腰身，头发随意地挽着，昔日锦缎般光滑的脸上悄悄出现了小细纹，充满疲态……与此形成鲜明对比的是，男人的事业越做越大，人到中年，却越发意气风发起来。不知从何时起，夫妻间的沟通越来越少，曾经无话不谈的两人已无法同频共振。因为女人这些年一直围着孩子、老公转，对外界的形势和变化不了解。这样的女人难免会在婚姻和家庭中处于弱势，当面对外界诸多新奇的诱惑，男人的心可能就飞走了，所以女人一定要自强自立，婚姻和家庭不是永远的避风港。

邓文迪正是清醒地认识到了这一点，在嫁入豪门后，她没有将自己完全交付给家庭，而是以旺盛的精力、昂扬的斗志，积极开拓自己的事业。邓文迪凭借自身的魅力嫁入豪门，却不依附豪门生存，保持经济独立，夫妻二人共同进步。

经济独立可以使女人保有尊严。夫妻共同进步可以使女人在思想和见识上不至于落后。不然一方持续进步，另一方停滞不前，婚姻就容易出现问题。

作为世界顶级豪门阔太，邓文迪不仅自己很努力，还经常鼓励两个女儿，她不希望两个女儿成为被宠坏的孩子，希望自己能够为她们树立榜样。

邓文迪的智慧在于她知道自己是幸运的，并且始终坚持自己的身份定位，她希望自己是一个家庭美满的女人、事业有成的女强人、温柔的妻子、慈爱的母亲、热情而有趣的朋友……

第一章 不甘平凡的平凡女人

与默多克的缘起缘灭

邓文迪风光嫁给默多克后,一度成为"现实版的仙德瑞拉"。邓文迪与年长自己37岁的默多克,起初也像所有童话故事的结局一样——王子和公主从此幸福地生活在一起。

然而,现实毕竟不是童话。14年后,出于种种原因,邓文迪与默多克的婚姻还是走到了尽头。

2013年11月20日,这是邓文迪永生难忘的日子。在这一天,她与默多克在法庭上宣布和平离婚。

面对这样的收场,向来精明干练的默多克,平静的脸上看不出任何想法,立在庭前,深沉静默。

而邓文迪,也是一副优雅而云淡风轻的姿态,脸上没有一丝怨恨、忧伤。回想起两人初相识的场景,想起两人携手14年的点点滴滴……一切在脑海中纷至沓来,却又在此刻戛然而止。

邓文迪迈着潇洒轻盈的步伐，走到默多克面前，将最后一吻轻轻印在默多克脸上，在默多克耳边喃喃地说："谢谢你！"

神情肃穆的默多克，对邓文迪报以浅浅微笑。

至于二人的言语神色间，究竟蕴含着怎样深长的意味，旁人无法得知。或许，在两人婚姻彻底宣告结束的这一天，即便曾经有过一些摩擦和小小的不愉快，一切也已释然。

二人一路风雨兼程地走过十四载寒暑，是生活中的伴侣、事业上的伙伴，更是彼此最坚强的支撑。曾经，他们鹣鲽情深，以为可以相携相依，共度今生。然而，世事多变，一转眼，两人便要分道扬镳！

事实上，邓文迪在这次离婚事件中是被动的。默多克突然向法院提起离婚诉讼，理由是"关系已经无可挽救地破裂"。邓文迪却觉得，二人之间除了因相处日久而犹如左手握右手般平静和麻木，并没有无法弥合的裂隙。邓文迪在收到默多克的离婚文件时目瞪口呆，一切毫无预兆。身边好友也对此唏嘘不已。

在此次离婚事件中，默多克充分显示出了一个商人的理智、果断，毫不拖泥带水。这使邓文迪越发感到，他们之间的感情已经逝去。

或许，面对自己两个女儿的父亲、一个共同生活了十几年的人、一个曾经深爱过的人，任何女人都难免陷入被动。

此时，邓文迪无暇顾及这桩沸沸扬扬的离婚事件已在坊间流传出多少个版本，她迅速冷静下来，将相关事宜委托给律师处理。

二人即将离婚的消息旋即在全世界传播、扩散开，犹如一石激起千层浪，引发媒体和好事者诸多猜测。

在外界看来，邓文迪精彩纷呈的人生是从嫁给默多克开始的。彼时，默多克在邓文迪最喜欢的豪华游轮上，拉起她的手，轻轻为她戴上一枚闪闪发光的昂贵钻戒，从此她的名字就被冠上了夫姓默多克，这个世人眼里的灰姑娘由此正式进入西方上流社会，通过一桩婚姻完成了"麻雀变凤凰"的人生大逆袭。

如今，一切却戛然而止。在一些围观者眼中，这一天似乎来得比预想中晚了一些。14年间，邓文迪生育了两个女儿，并开创了自己的事业。

相比14年前在全世界艳羡的目光中风光大嫁，在婚姻破裂、不得不离开豪门之际，邓文迪的姿态仍然优雅。完全没有人们想象中的财产争夺大战，也没有因争夺女儿抚养权等问题而引发的口水战，邓文迪没有表现出"豪门弃妇式"的落败姿态，没有在媒体面前楚楚可怜地哭诉、攻讦和抹黑默多克，没有任何纷争。在最后分别的时刻，邓文迪平和、理智，一如既往地有风度。

企图看热闹的人们渐渐散去……

很快，邓文迪离婚后所分得的财产份额又成为人们热议的话题。与默多克共同生活了32年的安娜，在离婚后获得了高达17亿美元的赔偿，号称"史上最昂贵的分手费"。由此，人们推测邓文迪至少可以分到10亿美元，但实际情况与先前媒体猜测的数目大相径庭，邓文迪离婚后仅仅得到位于纽约和北京的两套价值不菲的房产，外加1400万美元的现金补偿。这些虽然在普通人眼里已经是天文数字，实际上却不到默多克总资产的百分之一。

邓文迪的两个女儿持有新闻集团和福克斯公司8.7%的A级无投票权股份。除此之外，在默多克庞大的新闻集团内，邓文迪并无任何位置。

邓文迪最喜欢的那艘游轮被变卖了，或许在最后一刻，这艘曾见证过两人过去爱情和无数快乐时光的游轮，只能带给邓文迪一种物是人非的惆怅。

庭审过后，邓文迪和默多克向外界发表了一份声明，声称两人如今已和平离婚，并对相关事项达成一致意见，今后各自生活，两个女儿由二人共同抚养。同时，二人均表示不会再就婚姻问题发表任何言论。

此后，邓文迪果然如自己所承诺的，对于闹得沸沸扬扬的离婚事件，不再发表一句言论，如同一个局外人。

当初风光大嫁时，邓文迪刚过而立之年。如今，历经14年婚姻、家庭生活，14年精英圈子的文化熏陶和思维方式的影响，邓文迪的内心变得更加坚韧、强大，无论面对何种处境，都能保持从容、优雅。

一直以来，长相出众的女人乃至女明星嫁入豪门，并不是什么新闻，最终豪门梦碎也是常有的事，但不是每一个女人都能如邓文迪一般潇洒离去。离开豪门后，纠缠、哭诉者有之；被媒体拍到生活落魄、潦倒困窘者有之；也不乏一些女人对豪门心怀怨恨，觉得自己付出了大好青春，也耽误了事业发展……她们的人生很可能将从此消沉、黯淡下去，再难有翻盘的机会。

邓文迪最聪明的一点在于，她未以豪门婚姻作为人生的依靠，她没有在上流社会的纸醉金迷中迷失，没有因衣食无忧而放弃自己的事业。相反，她对豪门婚姻所带来的光环效应和优质资源进行充分利用，努力地提升自己，在助力默多克的新闻集团进军中国市场之余，又成立自己的电影公司，当起了制片人，扩充人脉资源。

在支持丈夫、发展事业、照顾两个女儿之余，邓文迪也积极参与慈善活动，将爱心播撒到贫瘠的土地上，帮助那些处于弱势和底层的人。

14年豪门生涯，换作寻常女人，安享日复一日的富贵清闲，志气多半已消磨一空，日渐丧失立身处世的技能，她们只能依附豪门。对于豪门以外的世界，她们缺乏想象力和应对的勇气。

而邓文迪，似乎在所有走过的道路上，她都留下了坚实的印记；所有的经历，无论是幸福，还是挫折、磨难，都让她变得更加强大。她不是豪门内的金丝雀,而是一只志存高远的雏鹰,于岁月流逝中,羽翼日渐丰满。一旦离开豪门,她不惧风雨,仍然有搏击长空的勇气和本领。

她配得上最好的,也能承受最差的。

邓文迪的强大、坚韧,也并非与生俱来的,更多源于后天的经历、见识及心性的磨炼。相比寻常女子,她无疑经历了太多。

所以女孩子,有生之年,一定要去见识广阔天地,开阔自身眼界。见天地,见众生,才能由内而外地得到提升,遇见更好的自己。

身处一个瞬息万变的时代,一个女人最终能够依仗的,只有自己。

3 离婚的中年女人依然耀眼

一桩婚姻成就了一段传奇,犹如中国民间传说中"鲤鱼跃龙门"的故事,然而,这故事的结局并不那么完美。

在外界看来,随着邓文迪与默多克婚姻的结束,邓文迪的传奇励志故事就缓缓落下了帷幕。

当绝大多数人以局外人的身份,怀着或同情,或悲悯,或幸灾乐祸的心态旁观邓文迪的人生际遇时,邓文迪始终保持着一个强者的姿态。

14年豪门生活,如同南柯一梦。梦醒之际,邓文迪已经45岁。以世俗的眼光来看,一个年近半百的离异妇女,还带着两个女儿,她将很可能沦为一个平庸的女人。在没有男人可依靠的日复一日的庸常琐碎中，与或深或浅的怨念、悔恨为伴，双眸日渐浑浊，身材走样。或许，用不了几年，便会有好事的媒体抓拍到她落魄的身影，人们在茶余饭后，又多了一笔谈资。

相比之下，这段婚姻的结束，对默多克的影响可谓微乎其微。默多克本人的财富以及情感生活等方面并未因与邓文迪分开而受到太大的影响。

2016年3月5日，英国《每日邮报》报道，传媒大亨鲁伯特·默多克在伦敦与前超模杰丽·霍尔完婚，这名叫杰丽·霍尔的超模比默多克小25岁。在婚礼现场，杰丽·霍尔身着一袭吊带裙，脚上是一双平底浅口鞋，手里拿着一束洁白的鲜花，与身穿西装的默多克深情对望，二人脸上均是幸福的笑意。

成功而富有的男人似乎总是不难找到倾慕者，默多克迅速投入到新的婚姻和家庭生活中。与邓文迪那段罗曼蒂克史，已经成了前尘往事。

两相对照，默多克与新人你侬我侬的鹣鲽情深，越发衬托出另一边邓文迪的形单影只。

然而，这种局面迅速被打破了！没过多久，邓文迪便出现在巴黎时装周上，精致的妆容和一头波浪卷发使48岁的邓文迪看起来依然风情万种。

最抢眼的是坐在邓文迪身边的俊朗男子——英国顶级小提琴家查理·西姆，邓文迪挽着他的手臂，脸上露出的笑容仿佛于无声中诉说着两人间的默契和投缘。

查理·西姆当年刚满30岁，是无数少女心中的白马王子，毕业于伊顿公学。查理·西姆3岁开始学小提琴，是英国最著名的青年小提琴家之一。同时，查理·西姆也是一名模特，为多个世界名牌拍过广告。查理·西姆的父亲是挪威商人，资产过亿，身家虽远远不能与默多克比肩，但按世俗的标准，查理·西姆也算是典型的优秀男人。

此外，有消息称，查理·西姆还是英国最年轻的大学教授。这样一个高知、高颜值的青年才俊，使人们不禁再度惊叹于邓文迪的超凡魅力。

在巴黎时装周现场，邓文迪身穿一条紫色短裙，外罩粉色印花外套，坐在查理·西姆身旁。两人默契地聊着，不时发出笑声。

离开豪门后，邓文迪并没有被摧垮！

她没有成为一个抱怨男人和命运不公的弃妇，没有就此沉沦，身材没有发福、走样。或许是因为爱情的缘故，她看起来更加精神焕发，一颦一笑间，风姿迷人。

她早已从"豪门梦碎"的阴霾中走出。或许，这件事原本就只是她人生中一段波澜不惊的小插曲。

联想到几年前，豪门婚姻终结，在即将与默多克分道扬镳之际，邓文迪步履轻盈地走到默多克面前，在他脸上印上最后一吻，轻轻地说道："谢谢你！"

这经典的一幕，其实早已昭示：即使没有豪门婚姻，没有默多克，邓文迪的人生也不会差。

如今，除了智商（IQ）、情商（EQ）外，最常被提到的还有逆商（AQ）。逆商主要是指人们面对挫折时，摆脱困境和克服困难的能力。在心理学家看来，一个人想要取得成功，智商、情商、逆商缺一不可，而逆商和情商的重要性甚至超过了智商。

邓文迪无疑是一个逆商很高的女人！

从世界顶级豪门阔太到被离婚的中年女人，人生迅速切换到另一种模式。邓文迪很快适应了一切，开始了新的生活。

面对同样的打击，逆商高的人所产生的挫折感不强烈，他们通常能迅速走出困境和阴霾；而逆商低的人往往会产生强烈的挫折感，要花数月乃至数年时间才能从阴影中走出来。一次创业失败，便从此一蹶不振；一次恋爱失败，便失去了爱的能力，从此不再相信爱情；甚至是一些很微小的事情：别人的言语讥讽、考试失利、与人发生矛盾等，都会对逆商低的人的心灵产生巨大的伤害，甚至使其走上极端。

究其根源，是因为这些人逆商低，对挫折和打击的承受能力差。逆商低的人，往往容易产生"受害者心理"。这种心理不仅对解决问题无益，更在无形中放大了自身所受到的伤害和承受的痛苦。

有时候，真正伤害我们的并非事情本身，而是我们对事情的看法。

邓文迪向来不是一个很在意外界看法和他人评价的人。一个强大的女人，往往更专注于自己的内心，她很清楚自己想要的是什么，然后全身心地努力去达成自己的目标。

虽然邓文迪与查理·西姆的感情一时令外界浮想联翩，但当事人并未放在心上。友情也好，爱情也罢，人们唯一可以探知的真相是：二人情谊深厚。

除了共同现身巴黎时装周，两人还曾一起开着跑车兜风。种种迹象表明，离婚后的邓文迪过得相当潇洒。

没过多久，社交网络上又曝出一张邓文迪与一名年仅21岁的匈牙利男模贝尔托尔德·扎霍兰漫步海滩的照片。虽然年龄相差27岁，但照片中的二人看起来颇为般配。年过半百的邓文迪，肌肤仍白皙紧致，身材颀长优美，白色的裙裾随黑色的长发一起飞扬。

邓文迪的新恋情曝光后，人们的震惊程度不亚于当年听到邓文迪离婚的消息时的反应，不少人大为感叹邓文迪的超凡魅力和勇气。

依照世俗的眼光来看，两人的年龄差距确实有些大。在许多人的观念里，一个女人无论事业多么成功，若恋爱对象比自己年轻二三十岁，那么一定会引起人们的诸般揣测和猜想。

邓文迪并不理会外界或惊讶或羡慕的眼光，一头扎入新的恋情里。

第一章
不甘平凡的平凡女人

爱情，是世间最纯洁美好的感情。真爱从来不应该以年龄、地位、身份为界。

传闻邓文迪和贝尔托尔德·扎霍兰的爱情缘起于被誉为"黑珍珠"的英国超模娜奥米·坎贝尔的生日聚会。贝尔托尔德·扎霍兰以英伦贵族范儿亮相，装扮看似慵懒而随意，却非常精致、考究。

从生日聚会上传出的照片不难看出，邓文迪与这名匈牙利男模关系亲密。身着红色印花裙的邓文迪，看起来神采奕奕。虽然邓文迪年轻的时候算不上天生丽质的美人，身上却始终散发出一种与众不同的风情和魅力。邓文迪似乎永远热情洋溢，骨子里流露出独特的魅力和自信，有成熟的风韵……凡此种种，或许都是这名年仅21岁的匈牙利男模钟情于她的原因。

贝尔托尔德·扎霍兰虽然年纪尚轻，但在男模圈已颇有资历。自从在布达佩斯被一名摄影师发掘，贝尔托尔德·扎霍兰凭借优越的先天条件和后天的努力，一路无比顺畅，各种品牌代言和广告接踵而至。拥有俊朗五官和颀长健美身材的贝尔托尔德·扎霍兰仿佛是天生的衣架子，受到纪梵希、范思哲、阿玛尼等诸多国际大牌的青睐。

生活中的贝尔托尔德·扎霍兰颇具文艺范儿，喜欢摄影，喜欢小动物，还是一名健身达人，脸上时常带着阳光般的笑容。

贝尔托尔德·扎霍兰最喜欢逛展览。从伦敦自然历史博物馆，到纽约暴风国王艺术中心，都留下了他的足迹。他喜欢的艺术家几乎横跨不同时期，遍布世界各地。

继娜奥米·坎贝尔的生日聚会之后，次年 11 月，邓文迪和贝尔托尔德·扎霍兰再度联袂出席在纽约大都会艺术博物馆举办的活动。事实证明，两人的感情已迅速升温。

一贯以强势、独立的新女性形象出现在媒体前的邓文迪，在对待自己的感情时，也颇有主见。几乎每一段恋情都能引发人们的关注或者争议，但邓文迪始终遵循自己的内心，毫不在意世俗的眼光。

邓文迪也曾在感情中失落过，甚至失败过，却能将过往轻松地抛在身后，全身心投入新的感情。

正如艾佛列德·德索萨所写的：

去爱吧，就像不曾受过伤一样！

跳舞吧，像没有人会欣赏一样！

每个人一生之中，都难免经历大大小小的挫折、磨难。对于年过半百的邓文迪而言，所有的挫折和磨难终成过去，美好的人生才刚刚开始。

强者永远不会在现实的泥淖中丧失希望。

第二章
抓住机遇,迅速蜕变

1　徐州女孩的"美国梦"

1968年12月5日,中国山东济南,一名女婴呱呱坠地。

这名女婴便是邓文迪。

最初,她并不叫邓文迪,父母给她起了一个颇具中国风格和男性色彩的名字:邓文革。

邓文迪的降生并未给全家人带来欢喜。当时很多人骨子里深植着重男轻女的思想,邓文迪的父母便是怀有重男轻女思想的人。邓文迪上面已经有两个姐姐,她的父母一直企盼着能生一个男孩。因此,当邓文迪降生时,她的父亲邓德辉和母亲刘雪芹内心的失落感可想而知。

或许可以说,邓文迪在此后人生中的所有奋斗和努力,皆始于这种与生俱来的原始动力——一个女孩拼尽全力,想向父母证明自己并不比男孩子差,想向世界证明自己的价值。

当邓文迪跻身世界顶级豪门阔太行列,家庭与事业皆圆满时,回想往事,邓文迪全然一副云淡风轻的神色。她说:"从我一出生,他们就对我特别失望。也就是因为这样,父母特别重视我的教育,我也特别想让他们觉得骄傲,努力做得更好。你看电影里的百合(《雪花秘扇》中的角色),她妈妈就对她很严格,期望很高,她自己通过努力获得了成功。"

如今,邓文迪早已成为父母的骄傲,然而,像很多不轻易表扬孩子的中国父母一样,邓文迪的父母虽然内心颇为欣慰,甚至感到无比骄傲,却几乎不曾在邓文迪面前表露分毫。

从心理学的角度来说,原生家庭对一个人的性格养成以及成年后的处世方式有着不容忽视的影响力。邓文迪虽然出生在一个典型的重男轻女的家庭,却并未像大部分在同样家庭氛围中长大的女孩一样轻视自身价值,甚至变得畏缩、不自信。

邓文迪身上有种与生俱来的男子气概和风度,以及深植于骨子里的独立、勇敢,但这些气质并未明显外化,除了略高的颧骨,邓文迪看起来仍然是一个温柔平和的人,只有在极特殊的场合和关键时刻,才显露出冷酷果断的一面。

邓文迪似乎丝毫没有承袭原生家庭偏传统、保守的思想价值观念,她的处世方式偏向于西式。

世间没有完美的父母,也没有完美的家庭。现实生活中,大多是如邓文迪一般家世背景普通的女孩,父母有重男轻女的思想或有暴力倾向的情况很常见,甚至有许多孩子在单亲家庭、重组家庭中长大……

及至成年后,有的孩子承袭了父母的暴戾;有的孩子性情乖张叛逆,甚至走上犯罪之路。而外界对他们的评判,也总是带着几分"情有可原"的悲悯。

由此可见,弱者总是被环境影响,他们过度在意外界的反馈和评价;而作为一个天生的强者,邓文迪很少受到外界的影响,她有着自成一体的思想价值体系和清晰的目标。内心强大的人更容易去影响别人。

无论自身曾经历过什么,曾陷于何种境地,当我们无法改变自身遭际和外界的评判时,唯一能做的,便是自立自强,不被负面环境和言论所影响。

邓文迪的父母虽然有重男轻女的思想,对女儿的教育问题却非常重视,对邓文迪也较严格。

1974年,6岁的邓文迪背上书包,成为徐州市少华街小学的

第二章
抓住机遇，迅速蜕变

一名小学生。

小学时期的邓文迪，几乎和所有普通的女孩一样，懵懵懂懂，每天往返于家和学校。

在邓文迪的回忆中，父母对女儿们要求非常高，功课一定要好。此外，每天还要背诵唐诗，背不出就不能吃饭。在那个特定的年代，邓文迪所受到的家庭教育和学校所灌输的理念，使她坚信成功人生只有一条路径，即努力学习，考上理想的大学。

邓文迪和家人居住在一栋老居民楼里。这个两室一厅、约50平方米的房子，如今已几经易主，却承载了邓文迪的童年记忆和时光。

在旧邻印象中，邓文迪的父亲是一个工程师，为人腼腆和善，平时不爱说话，总穿着干净整洁的衣服。

在经济水平不高的年代，童年时的邓文迪虽然不是娇生惯养的小公主，却也不是在物质匮乏的环境中长大的孩子，因此养成了无忧无虑、大大咧咧的性格。

同时，邓文迪很好强，很聪明，无论做什么，力求做到最好。这是因为，在父母的失落感中降生的邓文迪，具有一种与生俱来的、想要证明自己的表现欲。

邓文迪在很小的时候，就显露出一种超出同龄女孩的勇敢，玩耍时像男孩子一样疯狂、尽兴。有一次，邓文迪和小伙伴徐小燕到打靶场玩耍，两人发现打靶场内有一个池塘，邓文迪想跳到池塘里玩耍，徐小燕不敢下水。邓文迪不由分说，拉着徐小燕就跳了下去。在邓文迪的带动下，徐小燕的恐惧感慢慢消失，两人在池塘中扑腾着水花，玩得不亦乐乎。鞋子不知何时玩掉了一只，邓文迪却浑然不觉。

回家后，一向对子女要求严格的邓德辉和刘雪芹批评了邓文迪。邓文迪并未因此收敛爱玩的天性，第二天，邓文迪若无其事地向徐小燕说起此事，仿佛在讲述别人的故事一般。

在教过邓文迪的老师们看来，邓文迪虽然成绩不是特别突出，但非常聪明。在同学和小伙伴眼中，邓文迪是一个活泼爱玩且很有主见的人。

快乐的时光似乎总是转瞬即逝，邓文迪在疯玩、嬉闹中度过了自己的童年，身体也长高了一大截，顺利从小学毕业，升入徐州市第一中学。

升入中学后的邓文迪，随着身体的发育，逐渐显露出在运动方面的天赋，很快成了学校排球队中的一员。除了排球，邓文迪对篮球、网球、游泳等运动也非常热衷。

运动不仅有效拉伸了肌肉，也使人的内心情绪得到释放，所以喜欢运动的孩子大多更外向。读书期间，天生爱动的邓文迪越发活泼开朗，待人接物坦率而真诚。

中国人讲究含蓄、委婉，在当时，符合长辈们审美的女孩子，大抵都是端庄、文静的。然而邓文迪在这样的环境中，并没有被看成异类，反而人缘颇佳，老师和同学们都很喜欢这个热情而直率的女孩。

在某种程度上，这也得益于邓文迪很强的人际交往能力。这种能力也是邓文迪成功中颇为重要的一点。邓文迪在全球范围内迅速蹿红后，交际范围遍布商界、政界及影视娱乐圈，其社交能力功不可没。

邓文迪喜欢运动，且交际广泛，日常读书之余，课外生活可谓丰富多彩，但她的功课并未落下。作为一个很聪明的女孩，邓文迪不需要夜以继日地勤奋学习，便能考出较为理想的成绩。另一方面，邓文迪看似贪玩，但对功课也是很上心的，因为她不想让父母失望，同时也想证明自我价值。

同学们眼中的邓文迪，"渴望成功，非常强势"，"意志坚定，认准目标后勇往直前"。在诸多科目中，邓文迪最喜欢的是英语。在这种喜欢里，有对西方文化和环境的认同、向往；另一方面，也许是一种冥冥之中的预见性。为了能学好英语，邓文迪将睡眠时间缩到了最短，每天只睡三个小时，凌晨三四点便起床学英语。

1985年，邓文迪顺利考入广州医学院。在当时的邓文迪看来，当医生才是人生正途；另一方面，也是因为两个姐姐都选择了做工程师，邓文迪觉得学医可以更好地照顾父母。由此可见，邓文迪不仅有理想、有目标，更是一个有孝心、有家庭责任感的姑娘。

此时的邓文迪已经长成一个大姑娘了，因为长期运动的缘故，身材匀称而健美，个子也比一般同龄女孩要高。新的校园为邓文迪打开了一个全新世界的大门。学习之余，邓文迪仍然喜欢交友，在同学中很受欢迎。

很快，邓文迪又有了一个爱好，她很喜欢看外国电影。当时，像邓文迪家这样较殷实的家庭已经有了电视机，邓文迪的家里也有一台老式电视机，虽然经常有雪花和杂音，却是一家人茶余饭后的最佳消遣物。

邓文迪通过这台老旧的电视机第一次接触到国外的电影，看的第一部影片是《音乐之声》。直到数十年后，邓文迪仍然对这部影片有清晰的印象。因为正是这部影片使邓文迪看到了另一个世界，萌生了走出国门的想法。

在当时一些人眼里，这是不切实际的幻想，却是邓文迪和西方最早产生的联系。

对邓文迪的"美国梦",家人和朋友虽然觉得不太现实,但也并没有阻挠。在他们看来,邓文迪不过是一时兴起,随口说说罢了!毕竟谁年轻的时候没做过不切实际的梦呢?

成年人的世界里,总是有太多妥协。那些曾经以为会为之追逐一生的梦想,后来随着时间的流逝,慢慢褪色了。而邓文迪从未忘记自己的目标,从未忘记年少时的志向。

自此之后,邓文迪更加努力,不到十年的时间,就实现了自己的梦想,成功走出了国门。

强者永远不会在现实的泥淖中丧失希望。岁月,可以磨平一个人的棱角,却无法磨灭内心的信念。永远朝着梦想努力,终会成为想象中的模样。

在人生的赛道上,邓文迪一直砥砺前行,向往着更大的平台。

第二章
抓住机遇，迅速蜕变

贵人相助，漂洋过海

有人说，世间所有相遇都是久别重逢。其实，人与人之间的相识，是一种冥冥之中的缘分，更是一种机缘巧合。在邓文迪高二下学期的时候，父母的工作发生了变动，邓文迪的父亲调任广州人民机器厂厂长，举家搬往广州。

对邓文迪而言，此次搬迁最大的改变，不是家里的经济条件比以往又好了许多，而是她迎来了人生中的第一次转机。

1987年，邓文迪初识一对来自美国加州的夫妇——杰克·切瑞和他的太太。切瑞先生当时已经50岁，在广州一家中外合资生产冰柜的工厂工作，而42岁的切瑞太太为了更好地协助丈夫的工作和照顾丈夫的饮食起居，也来到了中国。

切瑞夫妇对邓文迪的印象很好，夫妇二人都非常喜欢这个身材高挑的中国女孩。邓文迪开朗、热情，尤其擅长与人打交道，给人的感觉要比同龄女孩成熟很多。同时，邓文迪的思想价值观念和沟通方式也是偏西式的，这使她和切瑞夫妇有很多共同之处，三人非常投缘。

当时，切瑞太太有很多闲暇时光。邓文迪又表现出对西方文化的强烈兴趣，并且希望提升自己的英语水平。可能是出于冥冥之中对西方发达国家的向往和一直以来的梦想，邓文迪一直希望能学好英语，期待有一天能以一口纯正而流利的英语和外国人交流。

邓文迪在和切瑞太太交流时，不时留意自己的语法、发音，并虚心地向切瑞太太请教。面对眼前这个好学上进的中国女孩，切瑞太太开始热忱地帮助邓文迪提升英文水平。

邓文迪原本聪明又上进，加之切瑞太太不遗余力的帮助，她的英文水平突飞猛进，迅速甩开了身边的同学。

1988年，在切瑞夫妇的帮助下，邓文迪顺利获得学生签证，终于如愿以偿来到美国。大约三年前，邓文迪通过一部名为《音乐之声》的影片，初次了解了国外，萌生了要去美国的梦想。看似不切实际的梦想，居然在短短数年间，如此轻而易举地实现

第二章
抓住机遇，迅速蜕变

了。虽然多亏了切瑞夫妇的帮助，但邓文迪的朋友和同学们还是对此大吃一惊。

就这样，邓文迪在美国开始了全新的生活，在美国一家社区学院学习，邓文迪非常珍惜这难得的在异国学习的机会。该社区学院的全称为"加州州立大学北岭分校"，虽然是一所社区大学，但和国内的专科学校有着本质的区别。邓文迪的求学之路非常讨巧，先申请社区大学，再转入综合性大学攻读研究生，这种方式一来规避了激烈的竞争，二来节省了留学费用。

此时的邓文迪只有20岁。面对人生中的机遇，并不是每一个女孩都有这样的勇气和决断力。当很多同龄的女孩如温室里的小花，沐浴着阳光，渴望到更广阔的天地去打拼的邓文迪离开了父母温暖的羽翼，身边再没有人可以依靠。她在美国举目无亲，除了切瑞夫妇外，没有一个认识的朋友。

面对这种情况，邓文迪并没有忐忑不安。新生活对她而言，是一种全新的挑战，也有一种新鲜的刺激感。邓文迪就是这样一个强大的女人，一个充满斗志、随时准备迎战的女人。

继情商、智商之后，胆商成为新时代衡量人才的一项重要指标。古往今来，但凡成功的商人、政客，无一不具有非凡的胆略和魄力。一个人想要在事业上有所成就，智商、情商、胆商缺一不可。邓文迪无疑是一个胆商很高的人，在人生的关口和重大事情上，她向来不乏决断力，富有一种冒险家的精神。

或许，切瑞夫妇起初正是看中邓文迪身上这种成功者的潜质，加之与这个中国女孩非常投缘，所以决定全力资助她，为邓文迪提供学费，直到她完成学业。此外，切瑞夫妇还邀请举目无亲的邓文迪和他们一起生活，让邓文迪和他们的女儿合用一间卧室。

切瑞夫妇的女儿当时只有5岁，邓文迪在学习之余，和这个活泼可爱的小女孩玩得很开心。全家人都喜欢邓文迪。然而，不知从何时起，切瑞先生对邓文迪产生了一种微妙的感情。

此时的邓文迪正值青春年华，因为热爱多种体育项目，邓文迪身材颀长健美，看上去非常健康，举手投足之间散发出一种别样的风情。切瑞先生不知不觉间被邓文迪的风韵所吸引。

邓文迪一直对切瑞先生充满敬重，感激切瑞夫妇长久以来的全力资助，使自己有机会实现梦想。另一方面，像很多女孩对外表儒雅温和的大叔没有抵抗力一样，面对切瑞先生的邀约，天性爱玩、爱疯的邓文迪欣然回应。

或许，在邓文迪看来，切瑞先生起初只是一个年长的异性朋友，和自己的其他朋友没什么区别。因此，性情直率的邓文迪毫

第二章
抓住机遇，迅速蜕变

不避讳地和切瑞先生一起出去玩耍。

邓文迪那时已经是一个大姑娘了，但还没有过真正意义上的恋爱经历。在国内的时候，邓文迪的家教向来比较严格，且学校也禁止学生早恋。对于爱情，邓文迪是懵懂的；同时，她又像很多同龄的女孩子一样，对爱情怀有一种甜蜜的憧憬。

在切瑞先生身上，邓文迪感受到一种亲和力。在举目无亲的异国，切瑞夫妇是邓文迪少有的可以依靠的人，相处时间长了，这种依赖感越发强烈。和切瑞先生在一起是快乐的，是安全稳妥的。作为一个颇有绅士风度且人生阅历丰富的男人，切瑞先生在方方面面都能给邓文迪以指导和安慰。

不知不觉间，原本是普通朋友的两人，开始变得形影不离……

切瑞先生感觉自己已经一刻也离不开邓文迪了。邓文迪身上既有年轻女孩的青春活力，又有一种成熟女人的风度和魅力。这一切，都深深吸引着切瑞先生，而邓文迪也对切瑞先生有着强烈的好感和依恋，他们开始频繁外出，有时甚至在外面玩到天亮。

这样的情况持续了一段时间后，切瑞太太终于感到自己的丈夫与邓文迪之间的交往似乎过于密切了！经过一段时间的留心观察，切瑞太太不得不痛苦地承认，自己的丈夫早已在精神上出轨，背叛了婚姻和家庭。

一想到丈夫出轨的对象居然是自己全力资助的中国女孩，切瑞太太便感到双倍的痛苦。当初，切瑞太太不惜牺牲自己的闲暇时间，帮邓文迪提升英语水平，又帮她取得签证，使她顺利入学。因同情邓文迪身处异国他乡，没有任何亲戚和朋友可以投靠，自己还让邓文迪住进了家里……一想到此处，切瑞太太便悲从中来。

接下来，切瑞太太以邓文迪和自己的丈夫关系不正当为由，要求邓文迪搬走。

当切瑞太太怒气冲冲地诘问时，邓文迪才如梦初醒，发现事态的严重性。切瑞太太一家有恩于自己，这是邓文迪不得不承认的事实，而她也一直对切瑞太太充满感激和敬重之情。邓文迪并没有想要破坏切瑞太太的家庭，更不想伤害切瑞夫妇之间的感情。

为了避免产生更大的误解和伤害，邓文迪诚恳地向切瑞太太表达了歉意，并迅速找好公寓，从切瑞夫妇的住处搬了出来。

生活仍在继续，邓文迪在新家安顿下来。此时的邓文迪，已经不是那个初到美国、茫然而无所依恃的女孩。一向擅长且乐于交际的邓文迪，结识了许多新朋友，她与新朋友们频繁相约，一起逛街、郊游……生活越发多姿多彩。

然而，邓文迪的内心似乎出现了一片虚空，无论怎样肆无忌惮地疯玩，都无法填满。

直到几天后，当拖着行李箱的切瑞先生出现在自己面前时，邓文迪内心的虚空似乎瞬间被填满了！这是一种很微妙而奇异的感觉。

对此，邓文迪感到很惊讶，并开始第一次正式审视自己和切瑞先生的关系以及自己对切瑞先生的感情。邓文迪发现自己已经对切瑞先生产生了深深的依恋。然而，从理性的角度看，邓文迪知道这是不道德的，她不能充当第三者，不能破坏切瑞夫妇之间的感情。

几日不见，切瑞先生似乎憔悴了许多。切瑞先生表示要搬来和邓文迪同住，他一刻也不想再离开邓文迪。邓文迪当然没有同意，但切瑞先生表示，自己和切瑞太太之间的感情已经出现无法弥合的裂痕，无论邓文迪是否答应同自己正式交往，他已经决定和切瑞太太离婚。

切瑞先生的一番话打动了邓文迪，两人开始正式交往。面对比自己年长三十余岁且有家室的切瑞先生，邓文迪不惧外界的眼光。这符合邓文迪一贯的风格，只遵循自己的内心，敢爱敢恨。

毕竟人生是自己的，为什么要活成别人眼里该有的样子呢？

两人开始在公众场合出双入对，邓文迪挽着切瑞先生的手臂，一脸幸福的模样。切瑞先生出于为邓文迪着想等多方面的原因，迅速与切瑞太太办理了离婚手续，使邓文迪的女友身份变得名正言顺。

1990年2月，刚与妻子宣布离婚不久的切瑞先生正式迎娶了邓文迪。至此，邓文迪已经完成了自己的"美国梦"，还找了一个美国丈夫，从此真正进入美国社会。

在一些中国留学生看来，邓文迪是无比幸运的，她不需要四处打工来维持自己的生活和学业，甚至一到美国就有免费的住处。局外人看到的，是邓文迪的运气。其实，运气也是一种实力。强大、独立、积极进取而又热情洋溢……所有这些特质都是邓文迪的实力，正是邓文迪身上这种独特的人格魅力吸引了切瑞夫妇，使切瑞夫妇决定全力资助她。一个人想要在事业上取得成功，离不开别人的帮助。而切瑞夫妇是邓文迪人生中遇到的第一对给予她巨大帮助的人。

# 一段婚姻换来的绿卡

从普通的中国徐州女孩,到留学美国,并通过婚姻进入美国社会——邓文迪的人生似乎一直在走上坡路。很多人羡慕邓文迪的好运气。

生活中,常常有人感叹自己命途多舛,似乎事事不顺,而别人的人生却一帆风顺。当你觉得自己倒霉透顶,缺少贵人扶助,不妨反思一下,自己身上有哪些能够吸引人的特质,自己能给别人带来什么价值。

作为一个清醒而理智的女人,邓文迪始终致力于自我完善和提升。希望自己具备强大的核心竞争力和丰富的经验、技能,如此一来,不需要自己费尽心思地去经营,也会收获优质的人脉。

短短两三年间，身处异国的邓文迪在婚姻、学业上皆有所成。在旁人眼中，作为一个女人，邓文迪从此可以安享人生了。然而，邓文迪并不满足于阶段性的成功，在学业上非常刻苦。学习之余，也积极参加校内活动和社会实践。

其间，邓文迪认识了一名叫大卫·沃尔夫的男子。两个年轻人在一起有说不完的话题，在很多事情上都能达成共识。由此，大卫·沃尔夫很快成了邓文迪的最佳玩伴。

长期保持运动的良好习惯，使邓文迪的精力异常充沛。这一点，也注定了邓文迪的人生将是丰富多彩的。同时，邓文迪与切瑞先生的家庭生活安稳而恬淡。切瑞先生沉浸在这个年轻的中国女孩给自己带来的新鲜而美好的感觉里，仿佛自己也年轻了许多。

对于切瑞先生而言，这段婚姻是弥足珍贵的。切瑞先生希望能和邓文迪相携相依，度过自己的余生。但在天性不安分和喜欢挑战的邓文迪看来，除了对自己的人生目标矢志不渝，除了奋斗和努力外，很少有什么是一成不变的。

邓文迪注定不是一个被拘囿于家庭生活中的女人。慢慢地，与切瑞先生组成的家庭对邓文迪失去了吸引力。切瑞先生希望邓文迪能够减少社交活动的时间，多陪伴自己。本质上，切瑞先生的思想价值观念是偏传统的，也希望自己的太太是一个典型的相夫教子的女人。就像当初切瑞先生在中国工作时，切瑞太太一直陪伴在他身边，协助其工作，照顾其饮食起居一样，切瑞先生希望邓文迪在一些事情上能够以自己为中心。

可以说，切瑞先生的想法代表了当下很多男人的思想价值观念。人类已经进入高度文明的现代社会，但很多男人仍然把另一半看作自己和家庭的附庸。在他们的观念里，女人不需要过于强大和独立，甚至不需要有自己的事业，一切以家庭为重心，才是贤妻良母的典范。

新时代的女性是很难接受这种观点的。原则上，夫妻之间应该是既相互依存又彼此独立的关系。女人不应该一结婚就放弃自己，回归家庭。在事业和个人发展上，即使是结婚后的女人也应该与男人拥有同样的权利。

邓文迪作为一个骨子里强势、独立且受过中西方教育的新时代女性，婚后很快发现自己和切瑞先生之间存在诸多分歧。归根结底，是两人的思想价值观念不一致。

对切瑞先生而言，邓文迪是充满青春活力、上进心十足的中国女孩，是热情洋溢、聪明而有趣的女孩；但她热衷交际、爱拼爱玩的天性，又使得她注定不会成为自己想象中的理想太太的模样。

日复一日的安稳、琐碎生活，使邓文迪对自己与切瑞先生所组成的家庭产生了厌倦的情绪。正是在这种情况下，邓文迪能够以一种更为清醒而理智的态度重新审视自己对切瑞先生的感情。相比爱情，邓文迪觉得自己对切瑞先生更多的是依赖。

邓文迪虽然一直朋友众多，但在切瑞先生之前，并未谈过真正意义上的恋爱，对爱情也是懵懂的。在没有完全懂爱的年纪，嫁给年长自己三十多岁的美国男人，或许是源于初到美国时无依无靠的孤独感，抑或被切瑞先生身上中年男人的成熟、稳重以及可以掌控一切的气势所吸引。但慢慢地，邓文迪越发感到婚姻给自己带来的束缚感。

结婚后的第四个月，同样对这段婚姻感到失望的切瑞先生，发现邓文迪的心思似乎已经完全不在自己身上了。邓文迪每天早出晚归，即使是没有课的时候，也很少待在家里。

与切瑞先生所组成的新家，对于邓文迪，已经成了一个单纯的休息场所。更令切瑞先生伤心又愤懑的是，邓文迪有了新男友，即那个名叫大卫·沃尔夫的男子。大卫·沃尔夫在进出口公司工作，会说简单的中文，与邓文迪年纪相仿。两人颇为谈得来，经常一起聚会，渐渐日久生情。邓文迪觉得自己真的爱上了大卫·沃尔夫，大卫·沃尔夫也是如此，他觉得自己为了邓文迪可以付出一切。

切瑞先生对此无比心痛，他依然深爱着邓文迪，因此无法容忍这种局面。事已至此，邓文迪对切瑞先生坦承了一切，表示大卫·沃尔夫确实是自己的男友，而"切瑞先生对她而言，是一个父亲的概念，不会是任何其他的关系"。邓文迪表示自己一直将切瑞先生当父亲看待，并竭力安抚切瑞先生的情绪。

切瑞先生内心充斥着愤懑、痛心、失落……他心知自己与邓文迪所组建的新家庭已经无法挽回了。虽然没有马上办理离婚手续，但切瑞先生与邓文迪随即分居。

此时，邓文迪感到前所未有的轻松。毕竟一段无爱的婚姻，对切瑞先生是不公平的，而自己也不会从中感到快乐和满足。

在内心深处，邓文迪对切瑞先生是充满歉疚的，觉得自己伤害了他。短暂的婚姻让邓文迪明白了一个事实：自己不该如此草率地进入一段婚姻。

在接下来与大卫·沃尔夫的交往中，邓文迪吸取之前的教训，不再轻言婚姻，觉得两个人还是应该相处一段时间，增加对彼此的了解，才能确定是否适合组建家庭。

其间，邓文迪结识了中国知名的运动员李宁的太太陈永妍，陈永妍也是一名体操运动员，1982年被评为国际运动健将，曾多次代表中国队参加重大国际比赛。在陈永妍的推荐下，邓文迪和大卫·沃尔夫开始在学校附近的一家由李宁开设的体操学院工作。

向来不甘于平淡生活的邓文迪，还常常给一些中国官员和商人充当翻译，赚到了不菲的学费和生活费，更重要的是，她拓展了自己的人脉关系圈。

邓文迪虽然在学业上很用功，但她并不是死读书的学生。在保证学习成绩的同时，她积极参加校园活动和社会实践，并结识了一些在各行各业颇有名气的人物。

邓文迪从小被家庭和学校所灌输的理念是，"做人做事都要靠自己努力，知识就是力量"，后来她觉得这是可以一生受用的道理。

作为一个聪明而理性的女人，邓文迪深知读书的重要性，也深知知识本身并没有力量，只有当人们运用知识的时候，知识才被赋予力量。因此，邓文迪非常注重学以致用，将自己所学的知识应用到生活以及工作、社交中。正是这种思想价值观念，使邓文迪在工作、学业等多个领域皆有所成。

那段时间，邓文迪与大卫·沃尔夫相处得十分轻松而愉快，两个年龄相仿的年轻人在各方面都很合拍。而邓文迪与切瑞先生的婚姻，在两人分居后，又名存实亡地拖了两年多，才正式宣告结束。

在很多人看来，这一时间段是非常微妙的。根据美国《移民法》的规定，邓文迪必须和切瑞先生结婚满两年后才能拿到绿卡，而邓文迪和切瑞先生的婚姻恰好维持了两年零七个月。

由此，这段婚姻成了邓文迪人生中最为人诟病和质疑的经历，邓文迪也因此成了一些人眼里的"心机女"。无论外界怎样评说，邓文迪本人从未辩解和回应，这很符合邓文迪一直以来丝毫不在意外界看法的洒脱性格。

而外界的猜测，大多集中在两点上：邓文迪当初嫁给切瑞先生是否别有用心？邓文迪与切瑞先生的婚姻维系两年零七个月，恰好使自己顺利拿到绿卡，是邓文迪故意拖延，有心栽花，还是无心插柳的意外收获？

邓文迪当初选择嫁给切瑞先生，或许是一个年轻且对爱情懵懂的女孩一时迷失所致。另一方面，切瑞先生一定也了解美国《移民法》，却仍将一段已经无法挽回的婚姻拖了两年多。或许，这正是切瑞先生有意要成全邓文迪。这张绿卡，是切瑞先生送给自己深爱的中国女孩的最后一份礼物。

4 耶鲁高才生

邓文迪与切瑞先生之间的关系终于画上了休止符,她从此真正恢复单身状态。此时,邓文迪感到前所未有的轻松。

与此同时,邓文迪与大卫·沃尔夫之间的感情与日俱增。处于热恋中的女人,整个人都显得神采飞扬。邓文迪挽着深爱男子的手臂,穿梭在各种酒会中。此时,邓文迪也变换了对大卫·沃尔夫的称呼。两人虽然没有结婚,但大卫·沃尔夫的对外身份已经从"男友"升级为"丈夫"。

在外界看来,邓文迪与大卫·沃尔夫俨然是和谐幸福的一对。除了没有结婚,他们之间的相处模式与寻常夫妻没有区别。

1993年,邓文迪以优异的成绩从加州州立大学北岭分校毕业，随即成功申请到去耶鲁大学商学院学习的机会。作为全球知名的大学，耶鲁大学的学费十分昂贵。邓文迪虽然一直从事社会实践活动，也有工作，所得却远远不足以支付昂贵的学费。大卫·沃尔夫慷慨地向邓文迪伸出了援助之手，表示愿意资助邓文迪。对此，邓文迪满怀感激之情。

在大卫·沃尔夫的全力资助下，邓文迪终于走进一度魂牵梦萦的耶鲁大学商学院。

很多名校都欣赏在运动上有专长的学生。因为热爱运动的学生，不仅身体素质较好，而且具有韧性强、能吃苦等特质，而这些特质往往是决定一个人能否取得非凡成就的关键因素。另一方面，像耶鲁大学这样的名校也比较倾向于那些野心勃勃、积极进取的人，而邓文迪无疑非常契合这一要求。

作为一名外来华裔女学生，邓文迪需要有相当声望和社会影响力的人引荐，才能进入名校。此前，邓文迪在社会实践和工作中，凭借超强的社交才能，结识了很多有影响力的人物。对邓文迪而言，找到有社会声望的人为自己写推荐信，并非一件难事。

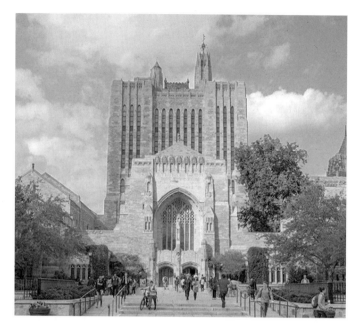

一名叫丹尼尔·布莱克的教授在推荐信中将邓文迪称为"超级（Super）"学生，表示邓文迪不仅专注于学业，且各方面表现非常出色。

进入耶鲁大学后，邓文迪发现周围优秀的人才特别多，而自己并不是最优秀的。因此，邓文迪将更多时间花在了学习上。作为全球知名学府，耶鲁大学的校园环境格外清幽，仿佛一个任人驰骋和徜徉的知识殿堂，校园中的一切都让邓文迪感觉新奇、兴奋。

第二章
抓住机遇，迅速蜕变

在耶鲁大学求学是邓文迪人生中一段非常快乐的经历。以至于很多年以后，邓文迪回想往事时，语气里仍充满怀念："在耶鲁大学商学院做学生，真的特别快乐，全世界优秀的人在一起做朋友，坐在花园一样的校园里，成天在一起谈理想、谈世界大事，人人都关心政治、世界和未来。我的眼界从未如此开阔。对于喜欢读书的人来说，耶鲁就像天堂一样。而我始终坚信，人最宝贵的财富就是教育，当你没有容貌、青春时，这种教育会让你自信、开放，有知识的人内心会更加开放、勇敢。"

在耶鲁大学学习期间，邓文迪对媒体表现出狂热的喜爱，经常去耶鲁大学戏剧学院听课。邓文迪对电影的热衷可以追溯到少女时期，一部名为《音乐之声》的外国影片为邓文迪打开了电影艺术的大门，也点亮了邓文迪走出国门、拥抱广阔天地的梦想。也是在那时，邓文迪明白了一个道理：通过媒体，人们才能了解不同的文化，最终消除误解，让人类的文化更加丰富和进步。

在关注媒体的同时，邓文迪也为自己今后的人生做了规划。她希望毕业后能进入相关公司，系统性地接触电影，并希望自己在耶鲁所学到的知识，能在实际工作中得到运用。

与为了顺利通过考试和毕业而学习的学生不同，邓文迪在学习任何一门学科的时候，都是带着更大的目标的。

邓文迪全身心地投入新的学习中，对很多事情无暇顾及。她偶尔才会想起大卫·沃尔夫。初到耶鲁大学时，邓文迪还和大卫·沃尔夫保持频繁的联系，和大卫·沃尔夫分享自己的新生活。然而，像绝大多数异地恋都难以修成正果一样，时间长了，邓文迪向大卫·沃尔夫倾诉的欲望越来越淡薄。

而大卫·沃尔夫也因工作上的变动，离开了美国，来到北京工作并定居。似乎年轻人的感情总是带有一丝不稳定性，曾经那个可以为邓文迪付出一切的大男孩，此时对这段感情已全然没有当初的冲动。或许是距离阻断了两人昔日亲密无间的爱恋，又或者是时间冲淡了两人绵绵不绝的情意，也可能是出于一些现实的原因。

邓文迪向往更广阔的世界，少女时代便梦想走出国门。如今，这一愿望终于实现了！而大卫·沃尔夫却来到了中国，爱上了这个东方国家，并做好了在北京长期居住的打算。

而在邓文迪的人生规划里，她短期之内是不打算回国的。对她而言，外面的世界无疑有着更大的吸引力。

就这样，邓文迪和大卫·沃尔夫的关系彻底结束了。

像大多数情侣一样，他们之间始于无话不谈，终于无话可说。

在感情里，邓文迪并没有一般女孩的敏感、脆弱。当一段感情结束时，她很少有失落、难过和不适等情绪。无论是与切瑞先生的婚姻关系结束，还是与大卫·沃尔夫的分手，似乎都没有打乱她的节奏，没有对她的生活造成不良影响。在邓文迪的观念里，感情是生活中很重要的一部分，但并不是全部，多姿多彩的世界还有许多事情等着她去做。

因此，爱情开始时，便全身心投入；爱情结束了，大家友好地挥手告别，不怨怼，不遗憾……邓文迪决不允许自己长时间沉湎于负面情绪，所以她不会像一些女孩那样很难走出失恋的阴影，甚至从此失去爱的能力。

尽管曾经深爱的大卫·沃尔夫已成陌路，邓文迪对新的感情仍抱有美好的期待。

自此之后，心无旁骛的邓文迪彻底沉下心来，沉浸在耶鲁大学的课业和浓厚的学习氛围中。

耶鲁大学汇聚着世界各国的精英学子。在加州州立大学北岭分校时，邓文迪是老师和同学们眼里的"超级（Super）"学生，但在人才济济的耶鲁大学，邓文迪身上不复昔日耀眼的光芒。但邓文迪并未因此产生落差，内心强大的人，总是能快速适应和融入不同的环境。

耶鲁十分尊重传统教育，但选课制度非常宽松，并没有设置核心课程，学生可以更多地从自己的兴趣爱好出发。同时，在耶鲁，无论是大型讲座，还是小型讨论课，在邓文迪看来都是非常有趣且令人振奋的。

每天都和非常优秀的同学学习、交流，这让邓文迪既兴奋，又感到一种无形的压力，但她将这种压力转化为了强大的学习动力。

邓文迪原本是一个擅长学习且乐于学习的人，加上这种恰到好处的压力，邓文迪身上所有的潜力几乎都被激发出来了。

人们常说"兴趣是最好的老师"，只有发自内心地热爱一件事情，才能将事情做好，学习也是如此。对邓文迪而言，学习，是一件乐在其中的事情，而非一种苦役。

邓文迪对学习的兴趣，源于骨子里对知识的尊崇。知识可以使人免于蒙昧，变得更智慧、开放和包容。邓文迪一直坚信：是读书，拓宽了她的眼界，影响了她的思维，进而改变了她的命运，读书能为社会和全人类的发展提供助力。

邓文迪是很聪明的学生，可以举一反三，并将所学知识灵活运用。除了擅长学习，邓文迪还非常擅长考试。很多年后，邓文迪早已从耶鲁毕业，回想起这段在名校求学的经历时，她很坦率地对媒体表示："考试我最拿手。"语气里充满自信，那一瞬间她的神态，仿佛一个贪玩又爱耍小聪明的孩子。

不经意间流露出的真性情，使很多人因此喜欢上了这个看起来强大、独立的女人。

邓文迪一直是一个学习能力和接受新生事物的能力都很强的女人。在信息爆炸的时代，世界每天都有新的变化，任何一门学科或者一个行业的信息更新的速度都已经达到空前的状态。

对于新时代的人们而言，非常重要的一点是提高学习和接受新生事物的能力。唯有如此，我们才能不断提升和完善自己，才不会被整个时代抛下。

学习能力是最大的竞争力——邓文迪天生懂得这一点。即便有名校光环加身，乃至后来成为世界顶级豪门阔太，她也从未停下学习的脚步。

5 飞机上"捡到"的实习机会

机会,常常转瞬即逝。对于邓文迪这样擅于把握机会的人,每到一个人生的分水岭,都能把握住旁人不易察觉的机会。

1996年,邓文迪以优异的成绩从耶鲁大学毕业了。在耶鲁的学习经历,使邓文迪建立了全面系统的知识体系,更帮助邓文迪建立起了一种新的思维方式——或许,这才是教育的终极目的。

名校光环加身,并没有使邓文迪飘飘然。此时,邓文迪已经离开中国多年。虽然当年强烈向往国外,一心想走出国门,然而,当真正学有所成的时候,邓文迪的内心忽然涌起一种对中国的眷恋之情,希望回国从事一些实际性的工作,发挥自己的专长。

第二章
抓住机遇，迅速蜕变

邓文迪从小就是一个很有主见的人，有很强的方向感和目标感。面对人生中很多重要的时刻和关键性的抉择，她很少会犹豫和徘徊不定。

邓文迪一面准备回国事宜，一面和在美国的老师、同学告别。得知邓文迪心意已决，朋友们都向邓文迪表示真诚的祝福。邓文迪与相知多年的同学和朋友们互赠礼物留念。临行前，邓文迪又到一直欣赏并激励自己的老师的办公室，聆听老师的临别教诲。而后，她一个人在耶鲁校园中徘徊良久……

美国这片沃土上，留下了邓文迪人生中太多美好的回忆。而耶鲁，承载了邓文迪人生中最快乐的时光。

正是在耶鲁的收获，使邓文迪成为现在的邓文迪——自信而优雅，中式的坚强与西方的开放气质巧妙地融合在一起。这种特质使邓文迪无论走到哪里，都很容易脱颖而出，成为人群中最耀眼的那一个。

与朋友们相聚，畅谈欢笑；去最喜欢的地方游玩，重拾一些美好的回忆；吃遍最喜欢的具有美国特色的食物……凡此种种，构成了邓文迪归国前的全部。只叹这一切不能全部打包带走！

尽兴之后，邓文迪终于依依不舍地离开了美国，怀着对未来的无限憧憬，踏上了归国的旅途。

邓文迪准备回香港发展,因为香港是一个东西方文化碰撞、交融的地方,与自己非常契合。

飞机在茫茫高空飞行,一路穿越阳光和云层。想到马上就要回到阔别已久的祖国以及即将展开的职业画卷,邓文迪的内心不由有些激动。

邻座是一个衣着考究的外国人,他不经意间的动作和神情里流露出一种从容、自信,向来热情且擅长社交的邓文迪与之热情地攀谈起来。她从交谈中得知,这名男子名为布鲁斯·丘吉尔,是新闻集团的董事,此行是要去香港卫星电视出任副首席执行官。

当邓文迪得知丘吉尔的目的地是香港卫星电视时,她不由地既激动又兴奋,因为香港卫星电视是邓文迪向往的地方。

邓文迪谈兴渐起,充分施展平生所学,发挥自己的社交才能,与丘吉尔相谈甚欢。丘吉尔被这个有着西方名校背景和迷人社交风采的女性所吸引,当即同意邓文迪到香港卫星电视总部实习。

正是这次实习机会，为后面邓文迪邂逅传媒大亨默多克埋下了伏笔。

正如一位哲人所说："生活中并非缺少美，而是缺少发现美的眼睛。"同样，每个人的人生中都不乏机遇，但只有极少数人能把握好。

在局外人看来，仅凭飞机上的一面之缘，邓文迪便得到丘吉尔的赏识，主要源于邓文迪非凡的社交手腕和沟通能力。其实，这只是原因之一，更多的是邓文迪在美国求学期间的积淀，以及本人所表现出来的对香港卫星电视的热切期盼和向往，才最终打动了丘吉尔，获得了这在常人看来几乎不可能的机会。

经常有人抱怨自己时运不济，觉得别人的成功都是源于莫名其妙的好运气。其实，人一生中会有很多机遇和善缘。在某种程度上，幸运之神降临在每个人身上的概率几乎是均等的。唯一的区别在于，有的人轻易就能抓住它；有的人虽然能够识别身边的机遇，却终因能力、禀赋不够，而任其白白溜走。

邓文迪能够抓住机遇，是因为她早已做好了充分的准备。很多人只看到她的运气和头顶的光环，却看不到她十几年来坚持不懈的努力，看不到她每天只睡三四个小时，凌晨三四点就起来背英语的毅力；看不到她只身求学异国的艰辛和不易；看不到她在耶鲁争分夺秒学习的努力……

邓文迪一路与丘吉尔相谈甚欢。

飞机在素有"东方之珠"之称的香港降落，谈兴正浓的丘吉尔不得不结束谈话，与邓文迪约定好入职时间后，意犹未尽地道别。

邓文迪是一个充满自信、喜欢挑战的女人，对于即将开始的新工作，她满怀期待，希望能在香港卫星电视大展拳脚。

对邓文迪而言，这不仅是一份工作，也是对自己多年所学的一次检验。

邓文迪在香港找好落脚之处，暂时安顿下来。来不及领略和体味这个东西文化交融之都的繁华富庶，邓文迪便怀着跃跃欲试的心情到香港卫星电视报到了。

香港卫星电视的工作，一如邓文迪想象中的充满自由的气息。虽然在飞机上，丘吉尔对邓文迪青睐有加，但像普通实习生一样，初来乍到的邓文迪并没有被派到非常重要和核心的工作岗位上。

邓文迪对此毫不在意，专心做好工作之余，她常常与同事们谈笑风生。邓文迪知道，作为一名新人，自己需要时间来证明自己的工作能力；想要赢得领导和同事们的认可，不是仅凭自己出色的社交才能就可以的。在职场，工作能力才是第一位的，这是一个职员的立足之本。其余如交际能力、相貌等看起来很重要的东西，有时候只是加分项。如果没有出色的工作能力，后者无足轻重。

事实很快证明，邓文迪是一个综合能力很强的女人。不仅专业素质过硬，对工作满怀热忱，且善于交流和沟通，领导、同事们与她相处非常愉快。邓文迪的到来，仿佛为办公室注入了一种活力，吹来了一缕令人心旷神怡的春风。

或许，这也是当初丘吉尔看中邓文迪的原因之一吧！这个有着东西方教育背景的女人，身上有一种能够迅速感染他人的勃勃生机——这正是很多领导者喜欢的特质。

在管理学上，有一个流传已久的"鲶鱼效应"：很早以前，北欧的挪威人就有从深海捕捞沙丁鱼的传统。沙丁鱼生性喜好密集聚群，且有一种与生俱来的惰性，不喜欢四处游动。渔民们每次出海的时间短则两三天，长则一周左右。渔船归来时，大部分的沙丁鱼都死了，无法卖上好价钱。为了提升沙丁鱼的存活率，渔民们想尽了无数办法，但是都没有成功。

然而，有一条渔船却总能带回活鱼。因为活鱼比死鱼的售价高很多，这艘渔船的船长很快成了当地的富人。人们纷纷猜测这条渔船的秘密，然而，船长始终三缄其口。

直到船长去世，按捺不住好奇心的人们打开鱼槽，终于发现了这个秘密：原来装满沙丁鱼的鱼槽里，还装了几条鲶鱼。鲶鱼天性好动，喜欢不安分地四处游动，好动的鲶鱼激起了沙丁鱼们的情绪，使之四处游动起来。由此，沙丁鱼的存活率得到了很大程度的提升。这个故事无意中契合了法国思想家伏尔泰的观点——生命在于运动。

一个公司或团队也是如此。有时候，需要适当引入外界的竞争，为整个团队注入新鲜的血液，以提升团队成员的积极性，激发众人的潜力。

自信且充满激情的邓文迪的到来，确实激发了大家的活力和干劲儿。

香港是繁华之地。车水马龙的宽阔马路，霓虹闪耀的夜景，巨型广告牌……仿佛微风里都带着开放的、新鲜的气息。于邓文迪而言，在喜欢的地方，从事着热爱的工作，一切都是舒心的、令人愉快的。

殊不知,命运已经为这个足够努力,也足够幸运的女人,准备了更丰厚的礼物。很快,邓文迪便会赢来人生中重要的转机。

与默多克的这次邂逅,是邓文迪人生中浓墨重彩的一笔,也是邓文迪一手创造和把握住的最大机遇。

第三章
结缘传媒大亨默多克

1 鸡尾酒会上的邂逅

生活总是对那些准备好了的人格外眷顾。1997年，邓文迪迎来了人生中最关键的一次转机。在这一年年底的时候，全球庞大传媒帝国——新闻集团的董事长兼行政总裁默多克，前往香港视察旗下的卫星电视。

此事在香港卫星电视引起相当大的轰动。在众人心中，默多克无异于神祇一般的存在。

默多克全名鲁伯特·默多克，是一位发迹于澳大利亚的传媒大亨。由他创立的全球庞大传媒帝国——新闻集团总值逾400亿美元，而默多克的个人资产逾110亿美元，他还拥有无数豪宅、游艇和飞机。默多克的事业是从澳大利亚起步的，颇有商业头脑和野心的默多克，在一举完成对澳大利亚和新西兰传媒业的掌控

第三章
结缘传媒大亨默多克

后，又将自己的事业版图扩展到英国。大约五年后，默多克又通过收购的方式进军美国市场。

精明的商业头脑，从容、笃定的心态，使默多克在事业上的发展几乎可以用"所向披靡"来形容。顺利打入美国市场后，默多克已经不满足于仅在报业开疆拓土，于是随即收购了二十世纪福克斯电影公司（后更名为二十一世纪福克斯公司），加之对道琼斯公司以及英国天空电视台的收购，使新闻集团最终成为一个庞大的传媒帝国。

默多克的新闻集团在国际上占据举足轻重的地位，经营业务从电影的制作、发行，到无线电视、卫星电视以及有线电视广播。此外，新闻集团还囊括了网络、报纸、杂志、图书出版以及数字广播、加密和收视管理系统开发等业务。

据《福布斯》杂志统计，默多克在世界富豪榜上，早已跻身前50名。默多克名下有诸多财产，他早年曾在比弗利山收购一座庄园，该庄园有11栋别墅；同时在美国拥有一片13英亩的葡萄庄园；默多克在北京和墨尔本也有房产；名下的一艘豪华游轮，价值高达3000万美元。

为迎接这位神祇般的富豪老板的到来，香港卫星电视精心筹备了很久，特意在山顶餐厅举行了一场高级鸡尾酒会。

得知默多克的到来，邓文迪精心打扮了一番，整个人显得光彩照人。在旁人看来,邓文迪的行为无异于枉费心机,因为只有高层管理人员才能参加这场鸡尾酒会。邓文迪虽有名校光环,但毕竟刚走出校门不久,在香港卫星电视的资历尚浅。

当天晚上,当鸡尾酒会开始时,装扮一新的邓文迪不请自来。

邓文迪这一举动,体现了远非寻常人可比的勇气和自信。或许,这才是邓文迪身上最重要的特质。正是这种勇气和自信,使她总是能紧紧抓住出现在生命里的每一次机遇。

鸡尾酒会上,人们频频举杯,愉快地交流着。默多克经过一轮应酬后,或许有些累了,独自在餐厅角落里品酒。部分高层人员见此情景,也不敢贸然过去打扰,担心自己的行为有些唐突、

第三章
结缘传媒大亨默多克

冒昧，更怕给默多克留下不佳的印象。

这时，邓文迪施施然走进来，仿佛自己理应出现在这里。酒会仍在进行，人们并没有注意到走进来的邓文迪。邓文迪端起一杯红酒，目光落在独自坐在角落饮酒的默多克身上。锁定目标后，邓文迪几乎没有一秒钟的迟疑，径直朝默多克走去。

邓文迪的思维和行事风格是偏西式的，简单而直接。因此，在这样的场合，邓文迪不会瞻前顾后，犹豫不决，更不会担心周围人对自己的看法，觉得自己想借机攀附，是一个满腹心机或者异想天开的女人。邓文迪从不在意这些。

在邓文迪的人生中，这无疑是历史性的一刻。

此时，默多克并没有注意到邓文迪。两人间的距离并不远，步履轻快的邓文迪几步便走到了默多克面前。最近的时候，两人之间只隔了半步的距离。

殊不知，为了这半步的距离，邓文迪已经奋斗了十几年。正是十几年的刻苦学习，以及只身前往美国在耶鲁大学商学院的攻读……所有走过的路，读过的书，都化成了一座桥，使出身平凡的中国女孩能够走到传媒大亨面前。

很多人觉得命运是不公平的：有人含着金汤匙出生，有人生在贫民窟；有人终其一生都在努力奔跑，有人一出生就站在终点线。有时候，我们拼尽一生才能得到的东西，别人生来便已拥有。

　　命运的玄妙之处，在于它只能给每个人相对的公平。同时，它给了每个人同等努力的机会，使人们可以通过后天的不懈努力和奋斗来改变这一境遇。现实生活中，有些人只会自怨自艾。邓文迪是一个没有机会也要创造机会的女人。

　　譬如此刻！邓文迪端着酒杯来到默多克面前，一贯表情肃穆、沉默的默多克略微抬起头，流露出一种成功人士特有的从容气度。邓文迪端着酒杯的手不由一抖，杯子里的酒洒在了默多克身上。

　　对于当时的场面，媒体在描述时，几乎出奇一致地用了"一不小心"四个字，并且加上了引号，似乎觉得邓文迪是有意为之。

　　或许，还有另一种情况：邓文迪当时确实有些心慌意乱，对方毕竟是蜚声国际的行业大亨，而邓文迪当时只是一个年纪尚轻且根本没有资格参加这场酒会的普通职员。

　　真相究竟如何，或许只有邓文迪本人知晓了！

　　在当时的情境下，邓文迪顺理成章地蹲下身来，为默多克擦拭酒渍。这一举动，使邓文迪顺其自然地有了和默多克对话的机会。

　　邓文迪向来擅长社交，东西方教育和生活的经历使她能够迅

第三章
结缘传媒大亨默多克

速找到与默多克的契合点。像上次在飞机上偶遇丘吉尔一样,邓文迪很快便与默多克顺畅地交流起来。

邓文迪的勇气和热情以及毫不做作的社交风采,令默多克有些惊讶。似乎邓文迪的出现,打破了默多克心中对中国女孩偏传统、内敛的认知。另一方面,邓文迪学识丰富,且思维敏捷,反应非常迅速,她能够和默多克这样的精英人物产生共鸣。

虽是初次见面,默多克与邓文迪相谈甚欢,几乎忘了时间。这一幕,令在场的其他公司高层人员目瞪口呆。不知不觉间,两人已经交谈了两个多小时。在此之前,默多克从未与一名普通职员如此深入地交流过。

与默多克的这次邂逅,是邓文迪人生中浓墨重彩的一笔,也是邓文迪一手创造和把握住的最大机遇。

次年初,邓文迪便成为默多克上海、北京之行的随行译员。邓文迪得到默多克的赏识和信赖,一时令香港卫星电视的同事们羡慕不已。在很长一段时间内,此事成了同事们工作之余乐此不疲谈论的话题。

从名不见经传的实习生,到默多克的随行译员,职场跨度不可谓不大。其中固然有胆识、运气的成分,也与邓文迪出众的社交能力有很大关系。相比表面的风光,背后的实力才是最重要的。默多克之所以选中邓文迪,最主要的原因是邓文迪精通英语、粤语，还能说一口流利的普通话。同时，邓文迪兼有中西方教育背景，对默多克与中方的沟通和交往大有裨益。

人生便是如此：自信心不足、犹豫不定的人，往往会错失很多原本属于自己的机会；而邓文迪这样实力与胆识兼备的女人，却常常能够创造并抓住机会。

如果没有养成刻苦学习的习惯，邓文迪可能不会有日后获得切瑞夫妇资助和留学美国的机会；如果没有在耶鲁大学商学院期间的刻苦攻读，便不会有今时今日这般学识丰富的邓文迪；若非十几年如一日的点滴积累，邓文迪的英语水平也未必能够胜任默多克随行译员这一职务。

人生是一个从量变到质变的过程，所有流过的汗、吃过的苦，必然会在累积到一定程度时，在人生的某一节点给你带来巨大的回馈和惊喜！

办公室里的每个男人都迷恋她

默多克传记的作者迈克尔·沃尔夫曾经这样写道:"邓文迪令人印象深刻,她是个中国女人,行为却像个美国女人。中国女人总是比较含蓄,但邓文迪不是这样。办公室里的每个男人都迷恋她。"

邓文迪是一个颇有异性缘的女人,从一度痴迷邓文迪的切瑞先生,到愿意为邓文迪付出一切的大卫·沃尔夫……两位前任以及商界、政界和娱乐圈的诸多异性友人均证明了这一点。

邓文迪是一个时尚感很强的人,衣品很好,且善于打扮自己。加之身材颀长健美,一件剪裁合体的连衣裙,她便能穿出光彩照人的效果,吸引同事们的目光。

邓文迪的同性友人非常多,在中国影视娱乐圈里,邓文迪与章子怡、李冰冰、邬君梅皆关系匪浅，经常一起聊天、聚餐。妮可·基德曼和邓文迪也是相交多年的老朋友，对邓文迪的印象非常好。在妮可·基德曼看来，二人间存在很多共同点，"当时，我们在某种程度上都很寂寞孤立。她当时刚刚进入美国上流社会，我也正处于非常没有安全感的状态，我对她的心理状态感同身受。我们都来自相当严格的家庭，我在教堂长大，文迪也会上教堂和主日学校。"相似的家庭环境，以及当时相似的处境，使邓文迪和妮可·基德曼能够更好地理解对方，并给对方以慰藉和陪伴。

邓文迪的社交风采以及其性情中坦率、热情等讨喜的特质，使其在社交领域很受欢迎，朋友非常多。

在同事们眼中，邓文迪"聪明而努力"，对工作非常热心、专注。她平日里对同事们非常友善，身上有一种非常亲和的气质，并不像一些人想象的那么难以接近和相处。

外媒主编蒂娜·布朗曾与邓文迪一起主持过派对，谈到邓文迪时，布朗说："她不是那种只会坐在泳池边的主妇。和她共事是一种享受，她相当专业，极其擅长把各种人汇集在一起，十分积极主动。"

生活中往往有这样一类人，他们天生受人关注。无论在什么场合，一旦他们出现，总能吸引和汇聚所有人的目光，无形中给人带来一种振奋——邓文迪便是这样的女人。

在成为默多克的随行译员后,邓文迪的身上又平添了几分神秘的色彩和无法言说的魅力。

然而,邓文迪依然是原来的邓文迪,丝毫没有因得到默多克的赏识而骄矜。作为一个见识过广阔天地,心中自有丘壑的女

人，这只是一项特殊的工作而已。这使一些同事对邓文迪的态度又多了几分敬重。邓文迪受过西式教育，思想开放、前卫，且与人毫无距离感，人们当然非常乐于与她相处。邓文迪擅长与人沟通，办公室里有一个像邓文迪这样的女同事，是一件非常愉快而减压的事情。

事实上，无论是在默多克眼里，还是在同事们心中，邓文迪都是一个非常理想的工作伙伴。

在为默多克担任随行译员的过程中，邓文迪的工作能力非常强，将默多克交办的事务处理得井井有条，在工作中既细腻、善解人意，又简单、高效，一些工作的完成度甚至超出了默多克的预期。

长此以往，也许是因为邓文迪在工作上的优异表现，也许是邓文迪本人的人格魅力，抑或是两方面原因兼而有之，默多克看向邓文迪的眼睛里，时常闪现一抹独有的温柔笑意。

默多克是一个性情非常平和的人，他时常沉默不语，静静地思考工作上的事情。默多克的感情是和风细雨式的，是旁人不易觉察的。尽管如此，默多克仍然给了邓文迪很多专属的"例外"，就像第一次见面时，默多克破天荒地和一个普通职员聊了两个多小时，这是其他职员不敢想象的，甚至一些高层管理者都很少这样与默多克单独畅谈，更何况默多克总是带着格外温柔的目光和浅淡的笑意。

作为全球顶级富豪，默多克并没有什么花边新闻。在与邓文迪结婚之前，默多克有过两任妻子，他和第二任妻子相携相依，共同生活了 30 多年，他们在事业上互相扶助，在生活上彼此照料。

另一方面，邓文迪也觉得与默多克共事非常愉快。默多克睿智而稳重，是一个非常平易近人的老板。作为一个顶级富豪和大老板，默多克丝毫没有颐指气使的作风和习惯。与默多克共事时间长了，邓文迪发现，这个在新闻集团内指点江山的、神祇一般的男人，与寻常男人没什么区别，时间久了，她内心对默多克不由又增添了几分亲切感。

默多克是一个非常聪明的人，对于工作中的各种问题，常常能一针见血地指出症结所在。在默多克身边工作，邓文迪时常有茅塞顿开、醍醐灌顶的感觉。邓文迪觉得，与默多克一起工作，是一件令人愉悦的事。

这使邓文迪工作起来更加得心应手和努力。读书的时候,邓文迪是老师眼里的"Super"学生;工作后,邓文迪同样是老板和同事们眼中的"Super"职员。这种出色,不仅体现在学习工作上,也体现在其他方方面面。

邓文迪颧骨略高,身上有一种东方女人特有的韵致。同时,

第三章
结缘传媒大亨默多克

多年在国外求学和生活的经历，使邓文迪形成偏西式的沟通方式和思维方式。邓文迪身上既有女人善解人意、风情万种的一面，又有男人一样的胆识和强大的内心，性格中体现了新时代女性独立、坚韧的一面。她是一个充满魅力的综合体，一个谜一样的存在，身边的男人很容易被她吸引，默多克也正如迈克尔·沃尔夫所说的那样迷恋她。有默多克这样的重量级竞争者的存在，其他男同事只能望而却步。

邓文迪与默多克共事日久，二人之间的感情也越来越深厚。身为世界顶级富豪和新闻人物，默多克在个人感情上更需要慎重权衡，要确认对方的感情和自己一样真挚，而非别有所图，或者觊觎自己的巨额财富。

默多克对邓文迪虽是初见倾心，但两人之间的感情却是水到渠成、自然而然的结果。

在明确彼此心迹后，两人之间仅存的一点微妙的距离感也消失了。在一次晚餐会后，邓文迪的同事们震惊地发现，默多克和邓文迪手牵着手，一贯沉默、肃穆的默多克眼里流露出笑意，邓文迪的眼角眉梢一如既往地神采飞扬，不难看出两人之间的默契和亲密。

有人的地方就有八卦。一时之间，同事们对两人之间的关系议论纷纷。同事们猜测邓文迪如何施展魅力，使默多克成为裙下臣，猜测默多克对女人的偏好，还有一些同事怀疑默多克爱上邓文迪，不仅仅是为邓文迪的才华、智慧以及社交风采所折服，还有一层原因——邓文迪能够为自己开拓中国市场提供助力……

凡此种种，自然不会传到默多克和邓文迪的耳朵里。但两人都想象得出同事们或震惊或不解等种种复杂的心态。对此，无论邓文迪，还是默多克，都并未放在心上。

两人一如往常一样，一起工作，时常共进晚餐，也经常手牵着手一起散步，丝毫不介意被同事们看到。或许，对于相爱的人而言，爱一个人，就是想让全世界都知道。

"情不知所起，一往而深。"已近古稀之年的默多克，觉得自己已经深深爱上了这个和自己一起工作的中国女人。

嫁入豪门

在很多人的观念里，如果一个年轻女人和一个年纪很大的男人谈恋爱，多半是因为对方的钱财。

对此，有一句流传甚广的话，或许可以作解答：

"我爱的人，恰好是个有钱人。"

对邓文迪与默多克的恋情，外界不乏质疑的声音。其实，爱情是纯洁、神圣的，真爱不受年龄、种族、社会地位的限制。所以，从不知情的旁观者的角度，我们不能武断地认为像邓文迪这样的年轻女性爱上一个富有的老年男子，是因为觊觎对方的财富。谁能说年轻女子和老年男子之间就没有真爱呢？

女作家张爱玲说："女人要崇拜才快乐，男人要被崇拜才快乐。"似乎很多女人对男人的爱意里都包含着或多或少的崇拜成分。像默多克这样一手经营起一个传媒帝国的成功男人,身上仿佛带有一种光环,在新闻集团内部,他更是受多数雇员崇拜。同时,默多克身上所特有的、成功男子的风度和沉稳、笃定的举止,未必对邓文迪没有巨大的吸引力。

初次见面时,默多克便对邓文迪这个充满东方风韵的女子颇有好感。在日后共事的过程中,默多克在工作上也给了邓文迪很多帮助。日复一日的点滴相处,化作无形的甘霖,催开了两人心中的爱情之花。

邓文迪真心爱上了默多克——或许这就是真相。

虽然一些质疑之声充斥了两人相识、相恋的整个过程,邓文迪和默多克却对此非常洒脱,邓文迪本人更是从未将此事放在心上。即使是被看成拆散默多克与第二任妻子安娜之间的第三者,她也未做什么辩解。

根据默多克的说法,默多克在与邓文迪正式交往时,与安娜的婚姻已经出现问题,两人已分居。确切地说,邓文迪只是一个导火索,她的出现使默多克与安娜之间的关系彻底走向瓦解。如果邓文迪不是刚好出现在这一时间节点上,默多克与安娜或许会像一般感情破裂的夫妻一样,继续冷战下去,再僵持几年。

在集团内部,邓文迪与默多克之间的关系早已不是新闻。他们非常亲密,不经意间流露出的神色、笑容以及手牵手的亲密姿

第三章
结缘传媒大亨默多克

态,使众人对两人的恋爱关系已经心知肚明。但当默多克真正决定娶邓文迪的时候,还是震惊了所有人。

毕竟对于默多克这样的富豪来说,婚姻之事绝对非同小可,直接关系到默多克家族的利益。无论外界如何猜想和震惊,默多克心意已决,此事似乎已经很难扭转。

然而,两人的婚姻之路仍横亘着无法回避的障碍,即默多克的第二任妻子安娜。

安娜与默多克共同生活了 31 年,也与默多克共同打拼了 31 年,在新闻集团董事会占据着重要的位置。可以说,默多克一手建立起的传媒帝国,安娜也曾经为之付出了很多心血和努力。另外,安娜为默多克生育的 3 名子女,均在集团内部占据重要位置。

有这样一位前妻,邓文迪与默多克的婚事似乎注定不会顺利。

自始至终,安娜都将邓文迪看作拆散自己婚姻的第三者,并对默多克颇多指责、怨怼,称其对自己不忠,不顾及 30 余年的夫妻情意,是一个无情无义的男人。

事实上,在与默多克分居半年后,安娜便退出新闻集团董事会。但安娜表示,自己完全是被动的,根本没有选择的余地。最后一天在董事会发言时,安娜忍不住感怀:"我 18 岁开始为公司效力,今天我不但婚姻完蛋,我的一生也完蛋了。"

在婚姻终结的时候,安娜是弱势的一方,但安娜没有过多纠缠,出于维护自己最后的尊严及为子女着想等原因,安娜与默多克"和平分手"。默多克和安娜都是理智而体面的人,所以解决问题速战速决,最大限度地避免了无谓的消耗。

离婚后,安娜曾痛心疾首地表示,"以前我一直以为自己的婚

第三章
结缘传媒大亨默多克

姻幸福美满,但显然完全不是这么回事。"

自始至终,邓文迪与安娜未发生过正面交锋。即使没有邓文迪的出现,安娜与默多克的婚姻也已名存实亡,但安娜仍对邓文迪充满怨恨。相比之下,安娜更恨的是默多克。安娜年轻时毕竟深爱过默多克,为之付出了青春年华,为默多克养育了3名子女,也为新闻集团立下功勋,最终却不得不黯然离开。

在与安娜离婚17天后,默多克便正式迎娶了邓文迪。速度之快,令媒体和外界一时惊诧不已。在一些人看来,默多克肯定是太爱邓文迪了,等不及地想将心爱的女人正式娶进门。

对深陷于爱情的默多克,上述原因倒也合情合理。一方面,这也符合默多克一贯的作风。默多克看起来是一个沉稳、平和的男人,做事却雷厉风行,有时甚至事先没有任何预兆。无论是通知安娜退出新闻集团董事会,还是与邓文迪举行婚礼,甚至日后与邓文迪离婚,从诸多事件中,都可以看到默多克做事干脆利落的特质。这个看起来沉默的男人,似乎永远掌握着主动权。

像这样永远处于绝对优势和主导地位的男人,在爱情里,必然也不会是容易被迷惑、牵制的一方。

另一方面,一些人猜测默多克之所以与邓文迪结婚,是因为邓文迪可以帮其开拓中国市场。这种说法也不无道理。不可否认的一点是,邓文迪确实能为默多克的工作提供很多帮助,同时也能为默多克的新闻集团进军中国市场提供助力,与邓文迪结婚后,默多克便是"中国女婿",单是这层关系便对默多克开拓中国市场大有裨益。但这不可能成为默多克迎娶邓文迪的决定性理由。作为一名身家上百亿美元的世界级富豪,年事已高的默多克会把宝贵的人生时光用来置换商业利益吗?

真正促使默多克和邓文迪走到一起的,是真爱。

一个极富人格魅力和智慧的女人,一个儒雅、谦和的传媒大亨——他们都有足够多的理由爱上对方。

只是两人之间的恋爱,更多的是一种彼此心照不宣的默契,没有轰轰烈烈的形式感。即使是这种"半地下"的恋情,也很难长时间维持。对此,邓文迪是这样解释的,"当时我们不可能有恋爱过程,他太有名,我不愿偷偷摸摸和他在一块被人发现。而且,他也不想'夜长梦多',所以我觉得他很幸运。"

这是邓文迪式的洁身自好和自信。虽然在典型的重男轻女思想严重的中国家庭长大,但邓文迪从未因此看轻自己的价值,即使一朝被默多克这样的世界级富豪爱慕,邓文迪也将之看成是对方的幸运。

在子女教育方面,邓文迪的父母虽然很严格,但并没有什么值得大书特书的成功经验,也从没对邓文迪灌输过诸如"你是最棒的""你值得最好的"等想法,来培养女儿的自信。确切地说,

第三章
结缘传媒大亨默多克

邓文迪的自信是自我养成的。自信和自负往往只有一步之差。有些女孩的自信里带有一种优越感，一种目无他人的骄纵和任性。邓文迪则相反，邓文迪是非常清醒、理智和客观的，她正视自身价值，也从不轻慢他人。

邓文迪身上表现出来的种种超越自身年龄的成熟、独立，都使默多克对这个女孩格外着迷。在促成默多克与自己结婚这件事上，邓文迪也表现出超凡的智慧。很多年后，面对记者的采访，邓文迪回忆起当时的情景，"他说想和我在一起。我说不行，我还要工作。辛辛苦苦读完大学，我想找到一份好的工作，否则如果感情不行了，不就什么都没有了？他说，我和你结婚，给你解决工作问题。"

一件原本很复杂的事情，在邓文迪三言两语间，就这样简单地定了下来。

1999年——这是邓文迪人生中至为重要的一年。在这一年的6月25日，她与默多克在美国纽约举行了盛大的婚礼，无数商界、政界及娱乐圈人士赶来道贺。这是邓文迪人生中的第二次婚姻，是默多克人生中的第三次婚姻，但两人都像初婚的男女一样，激动和喜悦溢于言表。

默多克将一枚价值不菲的钻戒轻轻戴在邓文迪的手指上。这一刻，标志着两人从此结为夫妻。

　　"邓",一个常见的中国姓氏;而"文迪"二字,是西化味道浓郁的音译词。它们组成了一个中西合璧式的简单人名——邓文迪。或许"邓文迪"这三个字本身并无特别意义,却因传媒大亨默多克而红遍全球。邓文迪一夜间以鱼跃龙门之姿,跻身美国上流社会。

　　这桩几乎举世皆惊的婚姻在很长一段时间里,成为人们津津乐道的话题。身为话题的女主人公，邓文迪身上也蒙上了几分神秘和传奇的色彩。

邓文迪不是倾国倾城的美女，却让人过目难忘，使每一个见过她的人留下深刻印象。就外貌来看，邓文迪不算第一眼美女。邓文迪身形颀长健美，更符合国外的审美标准。在部分中国男人眼里，可能会过于高大了一些。邓文迪身上有一种非常典型的东方女人的韵味。同时，邓文迪的气质也是偏大气和干练的——相比颜值，邓文迪胜在独特的气质和强大的气场。默多克看中邓文迪，并非看中她的外貌。邓文迪身上有很多寻常女人所不具备的特质，她独有的人格魅力，以及热情洋溢的性格，深植于骨子里的独立、强大……都令默多克为之着迷不已。

嫁给默多克，使邓文迪从此成为默多克家族中的一员，开启了人生的新篇章。这桩姻缘一时令外界羡慕不已，也令邓文迪的父母意外。这对普通的中国夫妻可能无论如何也没想到，自己的女儿有一天会成为顶级豪门阔太。

4 初为人母

如果说"婚姻是女人的第二次投胎",邓文迪无疑是最成功的女人之一。然而,没有谁的人生可以一帆风顺,在通往成功的道路上,往往遍布荆棘和磨难。对于邓文迪而言,嫁入豪门只是一个单纯而美好的开端,并不意味着真正成为人生赢家,从此高枕无忧。

因为默多克的前妻安娜在离婚协议上与默多克达成约定:邓文迪无权继承财产,除非生下子女。安娜非常清楚,默多克患有前列腺癌,在频繁的化疗中,已经完全失去了生育的能力。

曾经为默多克的家庭及事业默默付出和努力了31年的安娜,并不甘心就此落败,任由另一个不相干的女人坐享其成。因此在离婚时,安娜祭出撒手锏,以期一招制敌。这样一来,邓文迪虽然能嫁入豪门，却只有表面的风光。一旦默多克去世，邓文迪得不到任何家产，或许也已经过了生育的年龄，再也没有机会拥有自己的孩子。

然而，机关算尽的安娜无论如何都没有想到的是，默多克在刚发现身患癌症的时候就冷冻了精子。这一颇有远见的做法，使安娜的计划最终落空。

2001年11月19日，邓文迪凭借先进的试管婴儿技术，生下了与默多克的第一个女儿格蕾丝。邓文迪初为人母，喜悦之情溢于言表。老来得女的默多克亦对格蕾丝十分疼爱，与邓文迪也更加恩爱。

确切地说，正是因为两人之间异常恩爱，邓文迪才能生下默多克的孩子。毕竟默多克年事已高，且已有3名子女，与邓文迪孕育骨肉，更多是为邓文迪着想。这样一来，一旦自己一朝撒手人寰，邓文迪仍有女儿陪伴，且女儿拥有继承权，可以保障母女二人的生活。

诞下女儿后，邓文迪沉浸在初为人母的喜悦里，这个新生命带给她太多感动、惊喜，无形中也奠定了邓文迪在默多克家族中的地位。在外界看来，有了女儿的邓文迪，也同时有了沉甸甸的筹码和安全感。

默多克对邓文迪的深爱，由此可见一斑。默多克曾在各个场合用语言和行动向人们宣告：只有和邓文迪在一起，他才快乐！邓文迪则表示，默多克时常给她打一个小时的电话，两人之间似乎总有说不完的话。

——或许，这就是真爱吧！真正爱上一个人的时候，所有的情绪和微小的事情都想和对方分享。

即使在结婚后也是如此，只是二人的话题从工作和个人情感方面，转移到了孩子身上。

时隔两年，2003年7月17日，邓文迪又生下一个女儿，取名叫"克洛伊"。相比有些婴儿肥的大女儿，眉清目秀的克洛伊与默多克非常相像。

小女儿的诞生，无疑使邓文迪的人生又多了一重保障，两个女儿的降生使邓文迪全身心地沉浸在幸福美满的婚姻中。

成为豪门阔太后，邓文迪的生活并不像外界想象的那么奢华糜费。事实上，除了拥有豪车、游艇和私人飞机外，邓文迪与默多克的日常生活与寻常夫妇没什么区别。

成功人士大多拥有良好的习惯，且高度自律。苹果CEO库克每天5点左右准时出现在健身房；默多克对时间的利用也非常高效，习惯于一边吃早餐，一边读报。因此，邓文迪或家里的服务人员每天都会在餐桌上准备好当天的报纸。一家人围坐在餐桌旁进餐的画面非常温馨而和谐。默多克偶尔停下来说一两句话，语速很慢，语调温软。邓文迪大部分时间都在照顾女儿吃早餐。

早餐后，默多克走路去上班，因为家距离办公室并不算远，同时，还可以感受早上新鲜的空气和阳光。对于一个已逾古稀之年的老人，适当的散步对身体也非常好。

默多克去公司后，邓文迪留在家里照顾孩子。邓文迪希望自己能尽可能多地陪伴女儿和默多克。没有社交应酬的时候，邓文迪常常亲自下厨，中餐、西餐都会一些。对默多克而言，偶尔吃一次媳妇亲手做的美味中餐，是非常幸福的事情。

幸福而恬淡的时光，似乎总是过得飞快。一转眼，格蕾丝和克洛伊已经长大了。邓文迪每天开车送女儿去上学，让两个女儿学习中国功夫和画画，一动一静，相得益彰。既增强了女儿的韧性和体能，又培养了女儿的艺术审美能力，也使女儿能够长时间对一件事情保持专注。

相比很多忙于事业的父母，邓文迪希望能有更多的时间花在孩子身上，陪伴孩子一起成长，让两个女儿有健康快乐的童年。邓文迪觉得，这是父母能够带给孩子的最好礼物。

在子女教育问题上，邓文迪虽然是个新手妈妈，但默多克却有着非常丰富的育儿经验，将两个女儿的生活安排得非常妥帖。因此，邓文迪也轻松很多，她对默多克的安排很满意，常常对媒体和朋友们表示，自己和孩子都非常幸运。

闲暇时，邓文迪也会教两个女儿说普通话。女儿虽然生活在美国，但邓文迪还是希望女儿能说标准的普通话，毕竟自己是华裔，两个女儿以后也会到中国游玩和探亲。

默多克也非常赞同女儿学普通话。在默多克看来，网络时代下，普通话的重要性日渐显现。在这样的家庭观念和教育背景下，格蕾丝和克洛伊从小便是通晓英语和普通话的"双语宝宝"。或许，两个女儿都继承了默多克的高智商和邓文迪优秀的学习能力，对各种知识都能很快掌握，对世界充满好奇心和探索欲。

这是邓文迪人生中非常快乐的静好时光。一个性格温和的丈夫，两个乖巧懂事的女儿，一切看起来都是那么完美。

邓文迪和默多克的婚姻和爱情非常稳定。年轻而热情洋溢的邓文迪为默多克的晚年生活注入了蓬勃的朝气和活力，使默多克在工作之余安享幸福而温馨的家庭生活。这种新的生活也使默多克的状态越来越好，整个人仿佛都年轻了几岁。

婚姻确实能够改变一个人。在嫁给默多克后，邓文迪从一个平凡的灰姑娘，一跃成为世界顶级豪门阔太。这一身份为邓文迪带来的，不仅是生活条件和物质上的改善，更拓宽了邓文迪的眼界，使她接触到各行各业的顶尖人物。确切地说，邓文迪与默多克之间的婚姻拓展了邓文迪生命的宽度。

邓文迪在享受初为人母的喜悦的同时，间接取得了默多克资产的继承权，奠定了自己在默多克家族中的地位。似乎太多的幸运都降临到了邓文迪头上：一段举世皆惊的豪门婚姻；一个深爱着自己的丈夫；两个聪明漂亮的混血女儿；幸福美满的家庭生活……这一切使邓文迪成了真正的人生赢家。

当然，每个人对成功和幸福的理解不同。有些人认为，无关金钱、名利，能够以自己喜欢的方式度过一生，便是一种成功。平平淡淡的生活，也不失为一种幸福。

就这一点而言，安娜和邓文迪的想法是相通的。

安娜是一个非常看得开的女人，她虽然不希望邓文迪坐享其成，不想看到新闻集团的继承权落在邓文迪的孩子身上，却也不希望自己的3个子女日后成为默多克的继承人。一路打拼过来的安娜非常了解默多克所承受的压力。安娜希望自己的子女能生活得更轻松快乐。

邓文迪虽然坐拥财富，轻而易举便得到了很多人奋斗一生也无法得到的一切，却并未因此自满。邓文迪对两个女儿的教育和成长非常关注，却也没想过让女儿以后接替默多克的位置。她更希望两个女儿能健康快乐地长大。

5 "虎妻"护夫，一掴成名

邓文迪在与默多克结婚后，为了有更多时间、精力照顾女儿和家庭，并未在新闻集团内出任具体性的职务。但邓文迪仍然影响着默多克的一些重要的商业决策。作为传媒大亨的太太，邓文迪的一举一动，都对新闻集团以及默多克本人的公众形象有着不容忽视的影响力，她甚至一度被冠以"虎妻"之名。

2011年7月19日，伦敦当地时间14时40分左右，默多克及其儿子詹姆斯·默多克开始就旗下报纸窃听电话丑闻接受英国议员质询。当时，邓文迪身着最新款的浅粉色香奈尔上装，坐在默多克身后的旁听席上，整个人看起来神采奕奕，身材和皮肤也保持得很好，完全不像已过不惑之年，且生育过两个孩子的妈妈。

时间一点一滴地流逝,听证会有条不紊地进行着。两个多小时过去了,就在默多克准备回答最后一名记者的提问时,突然出现了意外。一名原本坐在旁听席上的男子忽然起身冲到默多克左侧,单手托举着一个白色的纸盘子,冲默多克的脸上砸了过去。

这突如其来的举动,几乎令在场所有人都惊呆了!当时,身强力壮的詹姆斯·默多克因为坐在父亲右侧,对袭击者束手无策。坐在默多克左边的女律师虽然及时起身阻拦,但并未对袭击者造成实际性的打击。默多克本人根本来不及反应,价值不菲的西装外套立马沾上了白色的泡沫。

反应最敏捷、回击最有力的是邓文迪。事发的那一刻,邓文迪立即以迅雷不及掩耳之势跳起,对着袭击者就是一记大力"扣

杀"，这是排球运动员才能做出的利落动作，清脆的掌掴声一时震撼全场，也挽回了默多克的公众形象。那名穿着格子衫的袭击者被突如其来的一下打懵了，他显然没有料到邓文迪竟有如此爆发力。在袭击者怔忪间，邓文迪牢牢揪着对方。在惯性的作用下，邓文迪的身体不由摔倒在地。

众人呆愣之际，一名率先反应过来的警察冲上来，将狼狈不堪的袭击者制服后拖了出去。邓文迪平静地起身，略略整理衣衫后，走到默多克身边。此时，默多克已经脱去沾上泡沫的西装，只穿着白衬衫。邓文迪拿出纸巾，温柔地为默多克擦去脸上的泡沫，不忘在默多克耳边轻声说道："我打到他了！"

邓文迪的笑容里，显出几分得意，又有几分调皮，像是在安慰遇袭的默多克，又像一个邀功的小孩子。

默多克脸上一如既往地平静，内心却无限宽慰。虽然当众受辱，但邓文迪瞬间爆发出来的威力和快速反应为自己挽回了颜面。

这场突如其来的意外使场面一时有些混乱，听证会被迫中断约十分钟。直到袭击者被带走，遇袭者和听众的心情才慢慢平复。

听证会结束后，邓文迪挽着默多克的手臂，詹姆斯·默多克陪在一旁，三人一同走出会场。在媒体和旁观者面前，默多克一行人没有多余的话语，心底却都心照不宣地涌起一种默契和温暖。

邓文迪在嫁给默多克后，与其子詹姆斯·默多克之间的交集并不多，作为詹姆斯·默多克的父亲的新妻子，邓文迪对其并无成见，但詹姆斯·默多克的母亲安娜对邓文迪充满怨怼，这直接影响了詹姆斯·默多克对邓文迪的态度。但詹姆斯·默多克一贯的良好素养，加之出于对父亲的尊重，使他对邓文迪一直保持友好、礼貌的态度。只是这种友好里带着生疏，礼貌中有本能的距离感。

但在刚才，邓文迪在关键时刻的本能反应，使其在詹姆斯·默多克心中的形象瞬间高大、亲和起来，他打心底承认邓文迪是默多克家族中的一员，是自己的家人。更重要的是，詹姆斯·默多克由此坚信邓文迪真心深爱着自己的父亲。

一行人走至车旁，詹姆斯·默多克拉开车门，默多克和邓文迪先后坐进车里。远离媒体和旁观者的目光后，一直不动声色的默多克紧紧拉着邓文迪的手。向来寡言的默多克虽然什么都没有说，但一切已尽在不言中。

有记者拍下了两人在车中双手紧紧握着的一幕。这张照片是两人感情甚笃的证明。默多克对邓文迪的感情如一泓清泉，没有煽情的甜言蜜语，也没有轰轰烈烈的告白，旁人很难从中看出个究竟。而邓文迪对默多克，正像那句经常被引用的话所形容的："我爱的，恰好是个有钱人！"仅此而已！

爱情是如此简单，复杂的是人心和世人的看法。

邓文迪的威武之举，使她在关键时刻成了默多克身边最得力的保镖，也使邓文迪一捆成名，收获无数媒体的称赞。

在新闻媒体的报道中，事发当天，邓文迪非常安静地坐在默多克身后，但在袭击发生的瞬间，邓文迪为"自己的男人"挺身而出，迅速以一招类似排球扣杀的动作回击了袭击者，保护了默多克，邓文迪也因此成了当天的英雄。

这一举动，不仅当场挽回了默多克的颜面，也为新闻集团带来了实际利益。此事一经传开，大大增强了股民们的信心，新闻集团的股价立即上涨了近6%。

这一事件增进了默多克和邓文迪之间的感情，使两人更加恩爱。

与之形成鲜明反差的是，袭击者的女友坚决要与其分手。后经调查，这名袭击者名为琼尼·马布尔斯，是一名喜剧演员。相比被彻底调查及承担相应责任，琼尼·马布尔斯为自己这一荒唐行为付出的最大代价是女友因此离开了他。琼尼·马布尔斯的女友在社交媒体上直率地表示："不好玩，不明智，不再是你的女朋友了。"

第三章
结缘传媒大亨默多克

与此同时，民众也对马布尔斯的行为表示完全不能理解。一名当天参与听证会的旁听者表示："我感觉很失望。不管你是不是认同默多克家族，他们今天是来出席听证会的，应该得到保护。用剃须泡沫袭击人很幼稚，也破坏了民主程序。"

网络上则出现大量支持和赞美邓文迪的言论。网友们表示，邓文迪在关键时刻反应迅速，身手敏捷，简直令当时在场且训练有素的警察相形见绌。美国著名女主播凯蒂表示，邓文迪为"华裔虎妈"这四个字赋予了新的含义。一时之间，邓文迪俨然成了"女强人"。

美国公关界的人士也对邓文迪给予了极高的赞扬，称邓文迪当时的举动比新闻集团任何公关广告都有效。平心而论，邓文迪当天的这一举动确实对新闻集团和默多克本人的公众形象起到了积极的推广作用。与此同时，邓文迪当天的举动所带来的经济利益也是显而易见的，有媒体对此做出了极为精当的阐述——"巴掌落下，股票上涨"。

默多克传记的作者迈克尔·沃尔夫在描述此事时，更是不吝辞藻，直言邓文迪充满精力，且智商奇高。

更富有喜剧意味的是，很多人对当时的场面表示好奇，认为不可思议，饶有兴致地探讨邓文迪是如何隔着两个人向袭击者成功发起反击的。

邓文迪身上似乎有一种魔力。这个强悍的女人无论做什么，都能引起人们的关注，常常不自觉地将自己推至舆论的风口浪尖，或是引得无数媒体非议，或是让世人惊叹……

在此次事件中，邓文迪几乎赢得了一边倒的支持和赞美。表面上，这是一场男人和女人之间的较量，当邓文迪凭一己之力向男性袭击者发起攻势时，无论最终的结果是输是赢，邓文迪的姿态、抉择以及迅速的反应，已经博得一片叫好声。更难得的是，邓文迪赢了，她成功而有力地反击了袭击者，向媒体和世人展示了中国女人优秀的身体素质和惊人的爆发力；也让人们看到了邓文迪对默多克的感情，关键时刻的挺身护夫之举，是一种本能，更是一种发自内心的真情流露。

从危机公关的角度，任何企业都难免在某一时刻面对某种公共关系危机。当时默多克旗下的报纸因为窃听丑闻而陷入危机，加之默多克在听证会上遇袭，此事如果处理不当，必然会使新闻集团和默多克本人陷入更大的负面言论和危机中。而邓文迪在关键时刻迅捷、有力的反应，瞬间将危机化成了转机。

这一举动不仅提升了新闻集团和默多克本人的公众形象，也重塑了邓文迪的形象。以往，邓文迪曾因与切瑞先生的婚姻饱受争议，甚至一度成为舆论界挞伐的"心机女"。但在此次事件中，邓文迪赢得一片溢美之词，博得了众人一致的好感。"虎妻护夫"

之举之所以让世人如此动容,是因此它既显现出邓文迪身上强势、彪悍的一面,也体现出了邓文迪内心柔软的一面和对默多克的缱绻情意。前者让人们看到了新时代女性的强大力量,后者则使一些人明白邓文迪深爱着默多克。

邓文迪在事业上的野心非常大。

第四章
有事业的女人更迷人

1 打造娱乐帝国

嫁入豪门是许多女人的梦想。一旦梦想成真，似乎就意味着从此一劳永逸，坐拥数不尽的财富。

这类人往往只看到豪门的财富。其实，豪门之所以成为豪门，不仅仅是金钱这么简单。聪明的女人能从中挖掘顶级资源、人脉……这是无形的附加值，能够提高一个女人的身价，实现人生增值。

在成功嫁给默多克后，邓文迪先后生下两个女儿，却并未将自己拘囿于客厅和厨房。邓文迪不满足于从此做一个相夫教子的家庭主妇，希望通过工作来实现自我价值。结婚初期，邓文迪忙于照顾女儿和处理家庭事务，不得不暂时退居幕后，只有当新闻集团有重大活动的时候，邓文迪才偶尔在公众场合露面。

渐渐地，两个女儿都长大了一些，邓文迪可以很放心地将她们交给家里的服务人员，自己有了更多的私人空间和时间，也能

第四章
有事业的女人更迷人

够去做自己想做的事情。另一方面,默多克一直非常看好中国市场的潜力,准备大干一场。拥有东西方文化教育背景且长袖善舞的邓文迪便成了默多克最得力的助手,一度赢得了"默多克形象大使"和"亚洲外交官"的美誉。

2007年,邓文迪以首席战略官的身份,出席了一个社交网站的中国正式发布会。对于邓文迪此次在公众视野中的亮相,媒体非常关注,个别相关报道中甚至出现了"穆桂英今挂帅"的标题。对于邓文迪一贯的出色表现以及在事业上的强烈进取心,默多克非常欣赏。

在与默多克组成的家庭中,邓文迪虽然一直处于主导地位,全权安排、打理默多克和孩子们的饮食起居,但在职业规划和人生发展等方面,邓文迪则非常乐于听取默多克的意见,通过默多克的眼光看世界。东西方教育背景和经历,使邓文迪身上既有强势、富于主见的一面,又有谦虚、包容、开放的一面。

在得到默多克的支持后,邓文迪决定发展自己的电影事业。默多克太太的身份确实帮了邓文迪很多忙。这一身份决定了她的起点便比很多人高,并且完全没有资金上的担忧。事实上,在邓文迪嫁入豪门、跻身美国上流社会后,优质的人脉和资源便纷至沓来。

人生便是如此,当自身实力不够时,认识再多的能人异士也是徒劳。反之,当你的层次得到提高,优秀的人脉会自己找上门来。因为人脉的本质是一种价值交换。只有你手中掌握了足够多的、能够帮助别人的筹码，别人才更容易向你伸出"橄榄枝"。

邓文迪在事业上的野心非常大。进入默多克的新闻集团后，邓文迪花了很多时间管理MySpace中国区的业务。虽然工作和家庭生活已经花费了邓文迪大量的时间和精力，但邓文迪并不满足于此，觉得自己的人生还应该有更多的可能性。邓文迪决定和一直颇为投缘的章子怡一起打造自己的好莱坞电影王国。当时，章子怡虽然在好莱坞有很高的曝光度，相关作品却很少。与此同时，国内很多女演员都传出与好莱坞演员合作的消息，如刘亦菲与好莱坞经纪公司签约。

邓文迪成立电影制作公司的计划已经酝酿了很长一段时间，只是想法还没有成熟。章子怡对邓文迪的电影理念非常认同，同时也希望能借此机会实现从演员到制片人身份的转变。

邓文迪与章子怡的相识，源自一家杂志主办的奥斯卡庆功派对。二人一见如故。因为邓文迪和章子怡都是事业心很强的女性，相似的成长背景，使二人能够迅速拉近距离，找到共同话题。另一方面，得益于邓文迪迷人的社交风采，章子怡非常喜欢邓文迪坦率、热情的性格。之后，二人便开始了密切往来，邓文迪经常邀请章子怡参加家庭派对。大家其乐融融地聚在一处，宛如一家人。

第四章　有事业的女人更迷人　113

作为一个非常擅长且乐于社交的人，邓文迪的朋友非常多。在一次聚会上，邓文迪将一名叫艾维·尼沃的男子介绍给章子怡认识，不想两人后来擦出爱的火花，艾维·尼沃成了章子怡的男友。邓文迪对此大为高兴，觉得自己也算当了一回红娘。

随着邓文迪与章子怡之间的友谊日益深厚，发展共同的事业、打造娱乐王国也成了顺理成章的事情。

一个人想在事业上取得成功，个人的能力和努力是基础和必备的要素，更重要的是切合当时的大环境和时代背景。

就这一点而言，邓文迪是一个能够跟上时代趋势的人。在与默多克结婚后，出于工作上的需要，邓文迪陪默多克到过很多地方。令邓文迪感到意外的是，几乎见到的所有人都向她打听中国的情况和发展机遇。就连法国总统萨科齐也问过邓文迪同样的问题。这使邓文迪看到了中国市场的巨大潜力，不仅仅是商业上的利益，还包括使中国文化走向世界的机遇。

中国，这个有着十几亿人口的庞大影视市场，给了邓文迪无比坚定的信心。虽然很多西方娱乐公司都想进入中国市场，但邓文迪觉得自己有着旁人无法比拟的资金、人脉等方面的优势，未来必然能打造属于自己的娱乐王国。

邓文迪不是一个盲目的人。在邓文迪的理念里，坚持很重要，但要坚持正确的道路；个人的努力很重要，只有站在时代的风口上，努力才更有意义，才会在预期的时间内获得更大的回报。如今，邓文迪已找准最适合自己的方向和风口，接下来要做的，便是等风来……

初出茅庐的电影出品人

2011年6月24日,一部名为《雪花秘扇》的电影在国内上映。传统的中国风元素、写在扇子上的女书、三寸金莲以及光影之间的细节,无一不彰显出十足的质感。这部由邓文迪担任出品人,李冰冰、全智贤主演的电影,从开始筹备就备受瞩目。

在这部影片的制作过程中,邓文迪多年积累的人脉发挥了巨大的作用。在某种意义上,邓文迪是一个"社交明星"式的人物。曾有记者详细描绘了邓文迪在电影庆功派对上神采飞扬的一面:"邓文迪举酒满场飞,她要招呼四方宾朋,也要借机站在舞台中央,举杯致谢……好莱坞名流以及世界各地知名人士的太太们,也都聚集于此。主演李冰冰当晚兴致颇高,与邓文迪谈笑风生,忘情处,两人一起躺在桌子上尽情拍照。"

《雪花秘扇》由华谊兄弟参与投资拍摄，讲述了两名女主角之间超出姐妹情感的爱。这部影片得以顺利上映并引起无数人的关注，邓文迪的运作能力和公关手腕，由此可见一斑。

如同"一千个读者心中有一千个哈姆雷特"，影片上映后，一时众说纷纭。有人认为这部电影讲述了女人与女人之间的纯洁友谊，旨在表达女性的解放。

这种解释非常符合邓文迪的思想观念。作为一名新时代的女性，邓文迪式的成功和励志人生，唤醒了无数安于平庸的女人内心的女性意识和独立意识。

相比这部电影本身，一些与之相关的八卦谈资同样引人关注。这部电影最初是由章子怡来担任女主角，后章子怡因身体原

第四章
有事业的女人更迷人

因放弃了这一角色。对此,邓文迪感到非常遗憾,于是匆忙联系了李冰冰。邓文迪觉得李冰冰的气质也非常契合影片中的女主角。临阵换角的行为,一时令外界议论纷纷,甚至有人猜测邓文迪与章子怡交恶。

面对外界的质疑和猜测,邓文迪坦率而直接地给出了明确回应:"其实子怡特别想拍这部戏,但我想拍的时候,和她的另一部戏、王家卫的《一代宗师》档期有冲突,而且她又受伤了,所以就不能拍。我和她不和?不知道为什么外面这样传。"邓文迪对外界的议论和谣传,感到既好笑又无奈。

同时,邓文迪的眼光确实毒辣,她请到的李冰冰非常适合诠释影片中的这一角色。更难能可贵的是,李冰冰不仅演技非常好,人也兢兢业业。影片中有大量的英文戏,李冰冰每天晚上回到酒店都努力背英文,甚至背到凌晨两三点钟。遇到这样演技好,又高度敬业的演员,邓文迪感到自己非常幸运。

影片在上海进入拍摄阶段后,邓文迪开始不分昼夜地忙碌起来。对于初次担任电影出品人的邓文迪,这是一个全新的挑战。她全身心投入这部影片中,虽然经常赶工期、熬夜,但每一天都过得充实而快乐。邓文迪表示,当你正在做一件自己非常喜欢的事情,并且努力想把这件事做好的时候,完全不会觉得疲乏,只会觉得时间飞逝,但每一分钟都充满了意义。

这部有着独特视角和国际演员阵容的影片,在拍摄阶段就引起了很多人的关注。在邓文迪的多方协调、努力下,影片拍摄完成后,顺利进入后期制作阶段。虽然是第一次担任出品人,邓文迪却表现出对影片相关流程的非凡掌控力和专业性。

邓文迪是一个很有个性且有自己的创作主张的人。虽是第一次拍电影,却不媚俗,不迎合主流市场,选取了一个相对小众化和冒险的题材。在此之前,曾有朋友建议邓文迪找成龙或者李连杰拍一部功夫片,大家都爱看,票房更有保障。

然而,邓文迪并没有采纳朋友的建议。谈及拍摄这部电影的初衷,邓文迪表示:"第一,是因为我看了小说后很喜欢,我好多朋友也很喜欢,就想拍这部电影。第二,在国外很多人问我,有没有中国电影可以提供一下。他们想看中国电影现在是什么样。但是我不想提供武打电影给他们,因为他们天天看武打电影,《雪花秘扇》这种电影更让人感觉到人情味。"

邓文迪虽然没想过拍功夫片,但两个女儿都在学功夫。在邓文迪看来,让女儿学功夫有很多益处。在学功夫的过程中,女儿可以学习和提高中文水平。似乎相比功夫本身,这位"虎妈"更看重女儿在语言和中国传统文化方面的提升。

第四章 有事业的女人更迷人

谈到接下来的拍片计划，邓文迪表示，自己一直非常喜欢和看好中国的小说和剧本，希望接下来能发掘更好的小说，将其改编成电影，搬上大银幕。邓文迪是一个有着很深厚的中国情结的人，她也希望中国传统文化中的精粹部分被外国人了解、欣赏。虽然在电影领域涉猎得并不深，但在电影渠道方面，邓文迪已经形成自己独到的见解。邓文迪觉得中国有很多优秀的影片，之所以在国外看不到，主要是因为发行渠道的问题。

邓文迪非常喜欢中国的一些导演，表示自己最想合作的导演是张艺谋和姜文，邓文迪与张艺谋、姜文在电影理念和创作主张上是有很多共同之处的。

《雪花秘扇》使邓文迪实现了自我价值，找到了更适合自己的发展方向。作为一个事业心很强的女人，邓文迪在《雪花秘扇》引起关注后，向媒体和朋友们表示，自己短暂休息几周，就会投入下一部影片的拍摄制作中。

邓文迪的姿态能够如此笃定和轻松，乃是因为背后有一个全力支持自己的老公。对于邓文迪的所有决定和爱好，默多克只给建议，从不会横加阻拦。邓文迪说："只要是我想做的事情，他都支持我去做。我为了电影要来中国一个星期，他会因此重新安排自己的工作日程，待在家里带孩子。他去戛纳，来上海电影节，都是为了我。这部电影的剧本，他也看了很多遍。"

正如"每一个成功男人的背后，都有一个伟大的女人"，每一个能在事业上取得非凡成就的女人，身后大抵也有一个优秀的男人。嫁给默多克，邓文迪感到非常幸运。

每个人的人生都有无数种可能，关键是自己的抉择和努力。在年轻时选择轻松、安逸，此生可能与平凡为伍；选择一条看似最艰难、曲折的道路，人的心性、阅历都会不一样，未来也会有更多可能。邓文迪自身的经历就是最好的证明。

《雪花秘扇》是邓文迪首次担任电影出品人。此后，出于种种原因，邓文迪并没有像自己事先计划的，迅速投入下一部影片的制作中，而是蛰伏和潜心学习了一段时间。

直到2015年，邓文迪担任《天梯：蔡国强的艺术》这一纪录片的制作人，再次向世人展示了自己的平生所学和才华。这部纪录片讲述了蔡国强在过去长达二十多年的时间里，以烟花来搭建一座通往苍穹的天梯的故事。

邓文迪和蔡国强已经相识二十多年，邓文迪曾这样向外界介绍自己与蔡国强的相识过程和做这部纪录片的初衷："我们在做邻居时成为好朋友。他在利用烟火和火药进行艺术创作方面有着过人的技巧与天赋，所以我想让全世界知道他有多么优秀，也想帮助人们从文化视角更好地理解中国。"

面对众多优秀的导演，邓文迪再三斟酌后，选择了凯文·麦克唐纳。凯文的纪录片曾获得奥斯卡奖，并且有过拍摄故事片的经验。在邓文迪看来，很多艺术家的纪录片缺少真正打动人心之处，与普罗大众有距离感，所以在很多人的认知中有这样一种错觉：艺术家都是端着的，是不食人间烟火的人。邓文迪希望《天梯：蔡国强的艺术》具有贴近普通人的亲和力，能让人产生共鸣。就这一点而言，邓文迪在凯文身上看到了可能性。凯文具备把纪录片拍成故事片的能力。另一个比较重要的原因是，凯文从未到过中国，所以会在纪录片中呈现出很多他认为新鲜、有趣的东西。结果证明邓文迪的选择是正确的，这部纪录片虽然不长，却足够打动人心。

《天梯：蔡国强的艺术》倾注了邓文迪很多心血。真正打动邓文迪的除了艺术本身的魅力外，还有蔡国强和祖母的感情。蔡国强对烟火艺术的热爱与祖母有关，祖母是蔡国强烟火艺术的启蒙老师，使蔡国强懂得了扑灭烟火的时机和点燃烟火的时机同样重要。因此，蔡国强很小的时候就想尝试去做这件事，体验触摸云端的感觉。

邓文迪帮助蔡国强完成了这一儿时的梦想,也展现了蔡国强二十年来的烟火技术。当一架长达 500 米的天梯在福建泉州泉港区惠屿岛惊艳亮相时,邓文迪和蔡国强的内心都无比震撼。

之前,在英国巴斯、中国上海以及美国洛杉矶,都曾有人设计过此类"天梯"烟火,但最后都失败了。

烟火转瞬即逝,邓文迪心中却留下了永恒的感动。

令人遗憾的是,该项目完成不久,蔡国强百岁高龄的祖母便辞世了。

"我觉得500米甚至可以穿过云层直抵天堂。"蔡国强在美国与观众交流时，无比伤心又无限欣慰地对观众说。

《天梯：蔡国强的艺术》这一纪录片的完美收官，充分展现了邓文迪的制作能力和艺术才华。从一名平凡的灰姑娘，到耶鲁大学商学院高才生，再到成功嫁给默多克，成为世界顶级豪门阔太，邓文迪并未安享富贵，而是希望自己在人生中的每一阶段都能有所突破。当独立制片人和纪录片制作人，使邓文迪又一次成功突破了自己。正如邓文迪对这部纪录片的理解："每个人都有自己的'天梯'，通过自己的努力，虽然会遇到困难、失败，但要想办法去克服，去取得成功。"

在媒体和无数外界人士眼里，这个女人已经活成了一则传奇。谈及自身经历，邓文迪却非常淡然，神色间没有任何骄矜之色——或许，这才是邓文迪真正厉害之处：绝不会躺在过去的功劳簿上睡大觉，永远保持积极进取的精神。这个女人，日后还会创造出多大的成就呢？

3 有野心的豪门太太

2011年,福布斯评"全球十大顶级豪门阔太",邓文迪成为入围者。由此,邓文迪本人凭借这一身份再次强势进入公众视野。

排在第一位的是比尔·盖茨之妻梅琳达·盖茨。梅琳达在相夫教子之余,一直致力于发展以盖茨夫妇命名的全球最大的慈善基金会,旨在促进全球卫生和教育领域的平等,她是一位事业与家庭兼顾的非常优秀的女性。

法国奢侈品集团LVMH主席伯纳德·阿诺特之妻海伦·梅谢尔,以275亿美元身价紧随梅琳达·盖茨之后,排在第二名。海伦·梅谢尔是一位美貌与智慧并重的女性,与丈夫共同经营由路易威登(LV)和Moët香槟公司、轩尼诗品牌所组成的LVHM

集团。目前，该集团已经成为世界上最大的奢侈品集团。

谷歌（Google）创始人谢尔盖·布林的妻子安妮·沃西基，以175亿美元的身价排在第三位。安妮·沃西基也曾是耶鲁大学的高材生，拥有自己的生物技术公司。

排在第四位的是美国赌博业大亨谢尔登·阿德尔森的妻子米拉姆·欧克西恩。米拉姆·欧克西恩是一名非常优秀的生物化学专家，在毒品上瘾治疗领域有着独到的研究和杰出的贡献，并与谢尔登·阿德尔森在拉斯维加斯建立了毒品治疗中心。

邓文迪排在第五位。能跻身"全球十大顶级豪门阔太"的女性，不仅仅是本人嫁入豪门这么简单。即使没有豪门光环，这些女性也足够优秀、耀眼。她们智慧与才华兼备，更有甚者，拥有男人一样敏锐而理智的商业头脑。

以邓文迪为例，她不仅是默多克事业上最默契的拍档，也是站在默多克背后的女人，是默多克最温柔有力的支撑。邓文迪不甘心仅仅作为豪门的附庸而存在，积极开拓自己的事业。在家庭和商场，她是与丈夫并肩作战的战友，同时又是一名强大而独立的新时代女性。

人们往往只看到天鹅在湖面优游的姿态，却看不到湖面之下天鹅的脚掌一直在奋力划动。

邓文迪就像一只天鹅。豪门生活并不像很多人看到的表面那么风光，其实一点儿都不轻松。在嫁给默多克的那一刻，邓文迪便知道自己不再是一个洒脱、随性的单身女人，自己的一举一动、一言一行，都关乎默多克家族的形象，甚至牵涉到新闻集团的股价波动。

邓文迪的智慧和人生阅历，使她能够很好地处理这一切。无论出现在何种场合，邓文迪永远妆容精致，着装优雅大方，于无形中彰显出时尚、品位。在媒体拍到的照片中，邓文迪脸上总是带着亲和的笑容。这个言谈举止永远得体的女人已经成为"默多克形象大使"。

在邓文迪初中时的好友看来，邓文迪"没什么特别的，只是比较喜欢时尚"。少女时期，邓文迪便关注时尚，注重穿着打扮，只是当时眼界和经济条件都有限，加之邓文迪所受到的学校和家庭的教育也不允许她在穿着上过于张扬，她也不太可能花费大量时间、精力来打扮自己。

随着年龄和阅历的增长，邓文迪逐渐实现了财务自由，在嫁给默多克后，眼界和品位也不断提升，可以随心所欲地买自己喜欢的珠宝和名牌服饰，但邓文迪并未放纵自己。邓文迪并不像一般的豪门阔太一样，热衷于做美容和买名牌包，而是将更多时间花在工作和家庭上。偶尔出席活动或宴会，一条别致且剪裁合体的长裙，便能显露出不俗的衣品。优雅的举止，热情洋溢的性格，邓文迪总能成为人群中最耀眼的女人。在某种程度上，正是这一特质，使默多克发现了她，爱上了她。

重要的不是衣服，而是穿衣服的人——以邓文迪的聪明和悟性，她早早便明白了这个道理，所以她从来不甘做花瓶式的女人，一直以精明、强干的新时代女性形象出现在公众面前。

无懈可击的公众形象背后，是邓文迪对默多克的爱，也是邓文迪对自身的严格要求。邓文迪虽然出身于普通的中国工薪家庭，却从小家教严格。父母的教育理念已深深植入邓文迪的头脑，使邓文迪在一朝嫁入世界级豪门后，也不曾放松对自己的要求。

在处理工作和家庭琐事之余，邓文迪一直坚持健身，保持良好的身材和形象。即使是在家中，邓文迪也不允许自己以邋遢、懒散的形象出现在默多克和两个女儿面前。

在外界看来，邓文迪与默多克组成了一个新的其乐融融的家庭。殊不知，邓文迪为此付出了多少努力。婚后，默多克因身体原因无法再生育，邓文迪为了拥有自己和他的孩子，无数次往返于家和医院之间，已经记不清自己打了多少针，吃过多少药物。当外界羡慕邓文迪能嫁给默多克、安享富贵时，邓文迪也曾羡慕那些平凡女人，她们轻轻松松就能拥有自己的孩子。

或许，人生就是如此：我们所拥有的，正是别人艳羡的；别人所拥有的，也是我们梦寐以求的。人生难以尽善尽美。而邓文迪是生性好强的女人，不允许自己在任何方面比别人差。因此，邓文迪在学生时代努力学习，最终得以到美国留学，圆了自己的"美国梦"；结婚后，邓文迪努力经营自己的家庭，四口之家其乐融融。

邓文迪非常关注家人的健康，希望两个女儿快乐成长。闲暇时，邓文迪经常亲自下厨，为全家人做一顿美味可口的晚餐。邓文迪还坚持让默多克喝高蛋白饮料。因为蛋白质中所含有的氨基酸是人体细胞的必备成分，也是人体生长及修复的必备物质，可以增强人体免疫力。对于默多克这样长期承受高压力的高强度脑力劳动者，高蛋白饮料可以使他保持专注。为了让默多克养成习惯，邓文迪不止一次向默多克讲述高蛋白饮料的好处。

这个小小的细节流露出两人之间的鹣鲽情深。豪门的爱情与普通人没什么不同：在岁月的流逝中，一切归于平淡，爱意只在一蔬一饭、一盏淡茶中显现。

默多克每日忙于工作和社交应酬，真正与邓文迪相处的时光并不多。在有了女儿后，默多克对两个女儿极尽疼爱，虽然希望有尽可能多的时间陪伴女儿成长，却心有余而力不足。令默多克感到无比欣慰和幸运的是，邓文迪将家庭事务安排得井井有条，从不让自己操心。

作为一名新手妈妈，邓文迪的表现已经超出了默多克的期望值。默多克一度以为自己和邓文迪分工很明确,邓文迪负责维护稳固的大后方,自己则将全部精力用于拓展事业版图。但邓文迪并不这么想,邓文迪对自己的定位是多元化的。

每个人对"豪门"二字的定义不同。在普通人看来,豪门意味着一劳永逸,再也不用像普通人一样为生计奔忙;但在邓文迪眼里,豪门是一个绝佳的平台,自己可以通过它接触到顶级的资源、最优质的人脉,并拓宽视野。

邓文迪曾表示,自己最崇拜的人是"美国报业第一夫人"凯瑟琳·格雷厄姆。在美国新闻史上,凯瑟琳·格雷厄姆是一位具有传奇色彩的女性,也是美国第一位位列财富500强的女企业家,一度被称为"新闻界最有权势的女人"。

将如此强悍的女性奉为偶像,邓文迪在事业上的野心让人吃惊。

邓文迪是一个洒脱的、看得非常通透的女人,所以从不掩饰自己的野心,也不过分在意外界的看法。正是这种秉性和特质,使邓文迪得以全面发展,成为才华、智慧与超凡人格魅力兼备的"全球十大顶级豪门阔太"之一。

4 朋友满天下的社交明星

在很多外国人眼里,大部分中国女性是低调、内敛的。这或许和中国几千年来的传统文化有关。古代的女人"养在深闺人未识",嫁人后也是大门不出,二门不迈,恪守"三从四德"。社交才能对于古代的女人而言,基本不重要。

即使在当代社会,很多长辈对女孩子的要求仍是"文静""稳重",希望女孩从小就是淑女。

邓文迪便不是传统意义上的淑女。喜好运动的邓文迪从小就心很野,一心想走出国门。邓文迪在得偿所愿后,早早结婚,但婚姻只维系了两年,迅速离婚。离婚后到耶鲁大学商学院深造,与前男友分手后,她嫁给默多克。可以说她是一个很能折腾的女人。

在邓文迪身上几乎看不到中国传统女人低调、内敛的特质。

与之相反，邓文迪是张扬、坦率而直接的。人们常说"性格决定命运"，正是这种性格，使邓文迪的人生拥有丰富的张力和无限的可能。邓文迪在嫁给默多克后，依托顶级豪门的资源和人脉，广交各界精英人士，眼界、见识迅速提升，成为美国上流社会的社交明星，织成了一张庞大的人脉关系网。

在这张人脉关系网中，有名媛达莎·朱可娃。朱可娃的父亲是大名鼎鼎的俄罗斯富豪和石油巨头，母亲是一名分子生物学家。早在20世纪90年代，朱可娃父亲的资产便已达到上亿美元。

虽生在富贵显赫之家，朱可娃却是一名事业型的女性，推出了自己的时装品牌，成立车库当代艺术中心，一度被称为"改变俄罗斯当代艺术的女沙皇"。邓文迪与朱可娃堪称一对好闺蜜，两人相交多年，关系非常亲密。邓文迪曾表示要开发Art.sy网站的数字艺术。尽管这并不是什么大项目，朱可娃仍表示大力支持。

邓文迪另一位非常有名的闺蜜是最有名的"80后"女富豪伊万卡·特朗普。伊万卡是美国第四十五任总统唐纳德·特朗普的女儿，美貌与智慧兼备，是世界超级名模，曾连续两年登上美国《福布斯》杂志的"全球十大未婚女富豪排行榜"榜单。

伊万卡与邓文迪是多年的好友，二人经常相约一起看秀和参加各种派对，每年都会结伴出游。

2016年9月,邓文迪和朋友们观看美国网球公开赛男子单打决赛。与邓文迪一起观看比赛的有英国王室成员比亚特丽斯公主、石油大亨迈克尔·埃斯,以及美国商业大亨、电影制片人和慈善家大卫·葛芬,也包括伊万卡。伊万卡和邓文迪亲密地坐在一起,在愉快的交流中,两人不时默契地相视而笑。

第四章 | 133
有事业的女人更迷人

邓文迪对伊万卡极为赞赏,在一次接受采访时对媒体表示:"伊万卡是一个独立、努力、聪明的女性,是我非常欣赏的朋友,我在她身上可以看见自己。"

女人之间的感情往往是微妙的。邓文迪与伊万卡之间的友谊能够持久,在某种程度上,是基于双方势均力敌,且对方身上有吸引自己的特质。真正的挚友,在日常相处中,真诚以待,即使看清了对方的缺点，也仍然喜欢对方。这也是友谊能够长久的基础。就像邓文迪曾经说过的："有些人一见如故；有些人认识很多年，关系却一般。"

伊万卡对邓文迪的评价可谓非常精准。她认为，邓文迪是一个热情洋溢、充满正能量且不乏幽默感的女人。现实生活中，人们无疑都喜欢和这样的人做朋友。

除了伊万卡和朱可娃，芭芭拉·沃尔特斯、约旦王后以及影星妮可·基德曼、米歇尔·奥巴马都是邓文迪的座上宾。

很多和邓文迪接触过的人，都有这样的感触：邓文迪在言谈之间，常常随口便说出一个让人震惊的名字，一个普通人只能在电视、电脑和手机上看到的人物。

一次，媒体在奥斯卡颁奖典礼前夕采访邓文迪，问到邓文迪走红毯时的服装，邓文迪随口说："安娜帮我找了件衣服。"采访者和观众皆大吃一惊。

邓文迪口中的安娜，全名为安娜·温图尔，是美国版《时尚》的主编。英国《卫报》曾将安娜称为"纽约的非官方市长"。之前一部在全球热映的影片——《穿普拉达的女王》，正是以安娜为原型。1988年，安娜成为美国版《时尚》杂志的主编，逐步奠定了自己在时尚界的强势地位。

如今，安娜早已成为"时尚"的代名词，在时尚圈的地位举

第四章 | 135
有事业的女人更迷人

足轻重，无论出现在哪里，都会迅速成为全场焦点。

安娜平时很喜欢戴墨镜，墨镜让她看起来酷劲儿十足，又多了几分神秘和距离感。大多数人认为，安娜不是一个好相处和接近的女人，但安娜和邓文迪交情匪浅，两人曾一起坐在前排看莲娜丽姿秀，邓文迪脸上带着亲和的笑容，安娜一头利落、知性的短发，戴着一副墨镜，遮住了脸上的表情。

能和安娜这样的女人做朋友，邓文迪的社交风采和人格魅力不得不令人佩服。

谈到自己的社交技巧和交友原则，邓文迪说："我有很多朋友，每个人的性格不一样。有的人即使认识好多年也不可能成为朋友，但有的人就能一见如故，那是要靠缘分的。保持友谊的办法是多为别人着想，对待别人像对待自己一样。另外，你要不断提高自己，不只是金钱的问题，如果朋友们都在提高，而你还在原地，就没话好谈了。我这个人很直接，有什么说什么，不喜欢猜。如果你让我猜，有些误会可能就没有办法解除……"

在嫁给默多克后，邓文迪不断拓宽和增加自己的眼界和见识，注重学习和自我提升，这种时刻为自己充电的精神，使邓文迪在任何场合、任何人面前都不至于无话可谈——这是那些成功人士愿意和邓文迪交往的原因。

邓文迪是一个很聪明且总是为别人着想的女人，时常为别人带来意外的惊喜。每一个和邓文迪交往的人，都能从邓文迪的言行中，感受到自己是被重视、被喜爱的。

同时，邓文迪身上还有一种非常可贵的品质：性情坦率而直接，说话从不绕弯子。这种特质使邓文迪在人际交往中，不太会产生误解。另一方面，也让每一个和她交往的人感到轻松，不用费力揣测她言语背后的深意和动机。

　　这个女人坦率得如同一泓清水，可以一眼望到底，却又绝非表面看起来的那么简单。

　　邓文迪的第一身份是默多克太太，但她的交际范畴远远超出了闺蜜和同性友人，邓文迪与硅谷大佬也有密切往来。谷歌创始人拉里·佩奇和谢尔盖·布林和邓文迪往来密切。1973年出生的拉里·佩奇，是一个战绩惊人的男人。2013年，拉里·佩奇荣登《福布斯》"2013年全球富豪榜"第二十位；2014年，在彭博"亿万富豪榜"上排名第十六位；2015年，登上《福布斯》"全球科技界最富有100人"榜单，排名第五；2024年，位列"2024胡润全球富豪榜"第九位。谢尔盖·布林也毫不逊色，连年在各大富豪榜单中出现。

　　两位大佬均与邓文迪交谊深厚，尤其是谢尔盖·布林，对才干与智慧兼备的邓文迪非常欣赏。以至于后来谢尔盖·布林闹出婚变传闻时，一些八卦好事者纷纷猜测此事与邓文迪有关。事实上，两人之间只有非常纯粹的友谊。

　　当一个人广结各界名流、权贵和明星，人脉网络遍布全世界，这人身上便具备了一种非常强大的能量和资源整合能力，可为自身事业的成功提供有力的依托和保障。

　　相比奢华的生活，这才是豪门资源带给邓文迪最大的财富。

邓文迪
女人可以活得更精彩

　　时间、精力花在哪里,收获就在哪里。邓文迪热衷于社交,经常出席各种聚会。有一句话说:"社交使人聪明。"在邓文迪看来,与不同的人打交道,是一件非常愉快而有价值的事情,可以扩大眼界,增进见识,拓展自己的交际圈。

　　互联网时代,一切变得简单、快捷。就社交而言,很多时候完全不需要面对面进行。伴随特定时代背景所产生的,是大批"宅男""宅女"。作为一个心态非常开放的女人,"宅"这个字在邓文迪的字典里是不存在的,邓文迪每年都会与一些名媛贵妇办宴会、读书会。

卡耐基认为,一个人的成功,15%靠专业知识,85%靠人际关系。可见人际交往能力的重要性,而邓文迪无疑深谙此道。

5 芭莎明星慈善夜上的"标后"

在中国人的观念里,"达则兼济天下"。这是很多富豪和明星热衷于慈善和公益事业的一个原因。邓文迪在嫁给默多克后,常常在忙于事业和家庭事务之余,积极参与慈善事业,奉献自己的一片爱心。

在邓文迪看来,慈善是一项持续性的事业,而非一时一地作秀。2008年第六届"芭莎明星慈善夜",11件珍品陆续登场,拍卖现场响起一片欢呼声和掌声,各界名流和明星慷慨解囊、举牌竞价,将"芭莎明星慈善夜"推向高潮。

在这场难得的慈善夜上,虽然邓文迪因为一些原因没有到场,却派了一名代表来到现场,代替自己参与竞拍。邓文迪本人则在遥远的大洋彼岸指挥。在邓文迪的授意下,其代表以350万元的价格拍下了周春芽的一幅油画。

邓文迪之所以愿意出350万元的高价,一方面是因为邓文迪一直对周春芽的作品十分欣赏,这是由周春芽的作品本身所具有的艺术价值决定的;另一方面是因为邓文迪非常迫切地想要献爱心的意愿。

在"芭莎明星慈善夜"上,银泰集团老总沈国军一举夺得"标王"桂冠,邓文迪则成为实至名归的"标后"。此次活动共筹集了逾千万元善款。

2015年,第12届"阳光计划"年度庆祝活动在纽约举行。在这场慈善活动中,邓文迪身穿一袭黑色镂空纱裙。共同出席活动的还有超模亚历山大·摩根、"性感黑珍珠"达马里斯·刘易斯等。

2017年,在一场由古驰和Artsy举办的时尚慈善午宴上,49岁的邓文迪惊艳亮相,一袭温柔的粉色褶裥花边连身裙非常吸睛,举手投足间,尽显优雅大方的气质。邓文迪与新兴艺术网站Artsy创始人卡特·克利夫兰及相交多年的好友达莎·朱可娃等人其乐融融地合影。相比以往强势、干练的形象,身着少女粉色连身裙的邓文迪,整个人散发出一种温柔、怡人的气息。

此番邓文迪现身时尚慈善午宴,引发了媒体的极大关注。邓文迪的一举一动之所以总能吸引人们的目光,与其自身的传奇经历是分不开的。彼时,虽然邓文迪早已不是默多克的妻子,不再是全球庞大传媒帝国新闻集团的老板娘,但邓文迪仍然活出了自己的风采,积极探索人生的更多可能性,努力照顾好两个女儿。在她的影响下,两个女儿也积极参与慈善和公益事业。

事实上,在女儿格蕾丝和克洛伊很小的时候,邓文迪便时常特意带着她们参加慈善活动。邓文迪乐于帮助生活贫苦的底层人民,也会带女儿到贫苦人家去感受生活。在邓文迪的理念里,女儿应该尽可能地感受世界,不然她们会以为自己身处的家庭就是世界。邓文迪希望让女儿看到生活的本来面目,让女儿懂得生活的艰辛,从而更加珍惜自己所拥有的一切。

邓文迪希望通过这种方式在女儿心里埋下努力奋斗的种子,并期待一朝能够开花结果。按照世俗的眼光,两个女儿可谓"生来富贵",但邓文迪并不希望女儿以此为依恃。豪门,只是给女儿提供了丰衣足食的生活环境,使女儿可受到更好的教育,但并不意味着两个女儿从此不用奋斗了。邓文迪希望两个女儿在豪门最佳资源的助力下,能够像展翅翱翔的雄鹰一样,飞得更高更远。

在邓文迪广泛参与的诸多慈善项目中,双语教学是邓文迪倾注最多精力和资源的一项。在邓文迪看来,美国有一半公立学校的教学条件和教育水平都非常落后,底层青少年的教育问题已经成为一个很大的社会性问题。为了改善这一局面,邓文迪赞助了曼哈顿下东区的一所双语学校，居住在此处的大多为贫苦的底层人民。

之所以关注双语教学，是因为邓文迪发现讲中文已经成为美国最新兴起的一种潮流。邓文迪认为，最重要的不是语言，而是文化。就这一点而言，很多外国人对中国文化缺少足够的了解。在邓文迪赞助的双语学校中，老师们用两种语言进行授课，而该校的学生大多来自贫困家庭。为了使孩子们有更好的学习和生活环境，邓文迪为该校捐助了130万美元。

这些孩子无疑是非常幸运的。若非有邓文迪这样的好心人捐助，他们很难受到更好的教育，日后能够考取好大学的概率也非常低。在师资力量和教学条件得到全面提升后，很快收到了可喜的效果，在一次考试中，这所双语学校的数学成绩在纽约市1400多所公立学校中排名第三，英文成绩排名第十。一时之间，美国教育界人士对此惊叹不已，人们纷纷表示"这简直是个神话"。

邓文迪向来与约旦王后拉尼娅交好，二人经常一起参加慈善活动。拥有好莱坞明星般漂亮脸庞的拉尼娅，被称为继戴安娜王妃之后的皇室时尚典范，且极富善心，一直为妇女和儿童的权益积极奔走。同时，拉尼娅还创办了多个慈善机构，也是英国儿童基金会和克林顿基金会等多个慈善机构的会员。

身为约旦王后的拉尼娅美貌与善心兼具，俨然是完美女性的代言人。邓文迪对约旦王后非常欣赏。约旦王后曾在纽约举办过一次慈善晚宴，邓文迪和英国前第一夫人萨拉·布朗热情地赶来捧场，这场慈善晚宴最终筹集到上千万英镑，拉尼娅将这笔钱悉数捐给了一家慈善机构。该慈善机构被称为"白丝带"，一直致力于防止新生儿死亡的事业。

有时候，一些社会名流和明星在从事慈善事业的过程中，往往会面临一些来自媒体和公众的误解。对邓文迪而言，慈善是一种发自内心的善行，而非自我标榜，更不是一时一地的作秀。邓文迪以自己的实际行动证明了这一点，多年来，邓文迪一直将慈善和公益当成一项长久的事业。邓文迪觉得，捐赠者在帮助他人的同时，不仅使对方的处境得到改善，也使自己获得了内心的宁静、快乐和成就感、贡献感……

这也是邓文迪长期坚持慈善和公益事业的一个重要原因。邓文迪也希望以此使两个女儿从小树立起正确的财富理念。在某种程度上，家族财富得到极大充实之后，便要尽力回馈社会。这就是中国传统观念里的"达则兼济天下"。邓文迪是一个具有很强的中国情结的女人，一直将这一理念奉为圭臬。

富人往往热衷于慈善事业。洛克菲勒家族成员虽然分散在世界各地，但每年都会聚集到家乡小镇，讨论当年的慈善主题及应该重点关注的慈善项目。古语云，"积善之家，必有余庆"。或许，这也是洛克菲勒家族的财富得以传承和延续的一个原因吧！

在某种程度上，慈善确实可以使财富形成"漏斗效应"。社会名流和富豪们通过慈善活动，可以广结各界人士，有效积累人脉资源。多年来，邓文迪在慈善和公益事业中结交了许多朋友，切实帮助了无数需要帮助的人，同时也提升了自己的公众形象，可谓一举多得。

纵观默多克与邓文迪的 14 年婚姻，邓文迪一直努力打理大后方，全力支持默多克的事业，并广泛参与慈善和公益事业，一度为默多克本人和新闻集团的公众形象增色不少。这一切印证了一句颠扑不破的真理：每一个成功男人的背后都有一个全力支持他的女人。

与邓文迪在一起，人们似乎总能感受到一种无形的力量、一种蓬勃的激情。

第五章
星光熠熠的朋友圈

1 闺中密友章子怡

章子怡和邓文迪都是国际化的、具有一定传奇色彩的女性。二人身上有很多共同之处,都是从底层一步步走到巅峰的女人。同时,她们都是聪明强干、有野心和远大抱负的女性。现实生活中,章子怡是邓文迪相交多年的闺中密友,也是彼此的事业伙伴。

章子怡在美国发展时,机缘巧合之下,与邓文迪相识。一种"他乡遇故知"的感觉,迅速拉近了两人之间的距离。加之相似的成长和奋斗背景,章子怡很快和邓文迪成了无话不谈的好友。

当时,章子怡在美国尚未站稳脚跟,只身一人在这个竞争极其激烈的国家打拼,其中的艰难和压力可想而知。恰逢此时,邓文迪出现了,犹如一缕温暖的春风吹进了章子怡的世界。无论是在生活上，还是在事业上，邓文迪都帮了章子怡不少忙。这很符合邓文迪一贯的热情作风，总是把朋友的事当成自己的事。甚至有时候，不用对方开口，邓文迪便已为对方考虑周全。

邓文迪身上有一种很难得的积极态度，对生活和未来总是充满信心。与邓文迪在一起，人们似乎总能感受到一种无形的力量、一种蓬勃的激情。结识邓文迪后，章子怡在美国艰难打拼的日子便不再一成不变。

古人云："近朱者赤，近墨者黑。"与积极的人在一起，会自然而然地感受到力量、激情、自信……

邓文迪的交际范围向来广泛，与之交好者，往往非富即贵，均为各领域的精英人物。当时，邓文迪与一个名为艾维·尼沃的富商交情深厚，艾维·尼沃是默多克长孙的教父，在圈内拥有良好口碑，是邓文迪眼里非常忠实而可靠的朋友。艾维·尼沃是一个睿智多金且颇具人格魅力的男人，在商界被誉为"传媒魔术师"。他是高盛集团最大的私人投资人，同时也是时代华纳集团最大的个人持股者。

当时章子怡正单身。邓文迪觉得二人十分合适，便有意撮合他们，非常热心地牵线搭桥，将两人介绍给彼此。章子怡是一名事业型女性，并不是一个对爱情抱有无限憧憬和期待的女孩，但还是被艾维·尼沃的诚意和殷勤打动。

很快便有媒体拍到了章子怡和艾维·尼沃举止亲密地观看NBA比赛的照片，二人的恋情随之曝光。章子怡本人和艾维·尼沃对此并不介意。

这是邓文迪人生中第一次充当红娘。首战即告捷，邓文迪心中很是高兴。在邓文迪看来，每一个为事业打拼的女人都是强大的，也是令人心疼的。看到章子怡找到真心对待自己的男人，邓文迪由衷地为章子怡感到高兴。虽然章子怡和艾维·尼沃后来因种种原因分手，最终并未走到一起，但章子怡一直很感谢邓文迪的热心。

随着时间的推移，邓文迪和章子怡关系越发亲密。邓文迪不仅交际广泛，且非常好客。在邓文迪还是默多克夫人的时候，章子怡便是邓文迪家中的常客。曾有媒体捕捉到邓文迪在家中招待章子怡和刘嘉玲，亲自下厨做牛肉面。

最好的友谊，莫过于彼此陪伴，共同成长，为对方的事业发展助力。2008年，王家卫执导的首部英语电影，也即第60届戛纳电影节的开幕影片——《蓝莓之夜》在纽约举行首映礼。王家卫携主演诺拉·琼斯亮相，一同出席首映礼的还有携手而来的邓文迪和章子怡。章子怡妆容精致，头上戴了一顶非常个性的帽子。邓文迪则精心挑选了一件酒红色的V领礼服，恰到好处地展露出优美的颈部线条，显得成熟妩媚。邓文迪和章子怡在首映礼上亲密相拥，配合默契。

共同的事业理念和生活态度，使邓文迪和章子怡产生了高度的默契。在此之前，美国的《时尚》杂志曾对邓文迪进行过专访。邓文迪表示正与章子怡计划在美国成立电影制作公司，在拍摄、制作精良影片的同时，也希望能够以此为契机，使外国人更深入地了解中国的文化和历史。邓文迪还表示，公司成立后，将拍摄一部反映武则天人生历程的影片，由章子怡饰演武则天。

这个题材很符合邓文迪的价值理念，与邓文迪和章子怡的契合度都很高。邓文迪身上的果敢、坚毅，不逊男儿的作风，颇有武则天的风范。

2015年，"中国：镜花水月"年度大展在纽约大都会艺术博物馆开幕，时尚女魔头安娜来北京宣传。这是时尚界的一件盛事，受邀担任展览慈善晚宴联合主席的邓文迪在北京设私人酒会欢迎安娜一行的到来。章子怡和众多明星、名人出席了酒会，有向来与邓文迪交好的李冰冰，还有杨紫琼等。现场觥筹交错，衣香鬓影。

一直以来，有这样一种偏见：女人若事业心太强，容易招致周围的人和大环境的打压和忌惮。就这一点而言，邓文迪和章子怡都是"明知山有虎，偏向虎山行"的女人，才干和锋芒过于外露，她们将内心的远大抱负写在眼角眉梢，一往无前地追寻自己想要的一切。她们也因此收获了寻常女子难以企及的快意人生。

　　罗兰曾说："友谊是一种相互吸引的感情，因此它是可遇而不可求的。"邓文迪和章子怡之间便是如此。二人都是内心强大、坚韧的新时代女性，有着相似的磁场。一个人拥有怎样的思想价值观念，便会吸引到相似的人。或许，这就是邓文迪和章子怡之间的友谊能保持数年的原因。

2　相知多年邬君梅

　　2013年，邓文迪和默多克婚变的消息一经传出，外界一片哗然。无数人对此表示震惊，好莱坞电影公司也开始挖掘二人间的往事和花边新闻，打算将二人的"离婚剧"搬上银幕，并联系了华人女星邬君梅和杨紫琼，二人之一将有望成为邓文迪的扮演者。

　　从气质和外形上，邬君梅、杨紫琼都与邓文迪有几分神似，都是飞扬、果敢的大女人形象。事实上，邬君梅和邓文迪也是多年的好友，两人在拍摄《雪花秘扇》之前便已相识。多年来，两人感情十分深厚，经常一起聚会。

当邓文迪与默多克离婚的消息传出时，邬君梅正在上海拍摄《辣妈正传》。有记者就此事对邬君梅进行采访，刚得知消息的邬君梅非常惊讶："早上醒来才知道这个消息，很多朋友发截图、信息给我。我真的是特别特别吃惊。"一直以来，在邬君梅心里，邓文迪和默多克的婚姻非常稳定，两人情投意合，在事业上互相辅助，且一双女儿也聪明可人。更重要的是，邬君梅觉得默多克是一个非常尊重和宠爱老婆的男人，家庭中的很多事情，都是邓文迪做主。对此，邬君梅还让自己的先生多向默多克学习。

邬君梅一直很羡慕邓文迪，觉得邓文迪是一个非常幸福的女人，她既是一个好妻子，也是一个好母亲。

在外界看来，邓文迪和默多克的婚姻历经14年的风风雨雨，非常稳固。或许，婚姻就像鞋子，合不合脚，只有当事人自己知晓。

邬君梅唏嘘感慨之余，相信邓文迪能够很好地处理婚姻问题，对邓文迪及其今后的人生仍充满信心。相识多年，在邬君梅心里，邓文迪是一个非常自信且充满了顽强生命力和激情的女人。

同时，邬君梅心中也不无隐忧。默多克和邓文迪毕竟都是备受关注的人物，如今离婚一事传得沸沸扬扬，不知当事人心中做何感想。除了顾虑邓文迪的内心感受，邬君梅也不希望外界对二人的婚姻过度解读。

邬君梅是切身为邓文迪着想的。一个女人无论多么精明、强干，总要有两三个闺蜜，关键时刻可以互诉衷肠，可以体谅你、理解你，成为你最坚定的后援力量。

邓文迪与邬君梅相识于20世纪90年代。当时，邓文迪在美国留学，机缘巧合下，帮了邬君梅和她妹妹的忙，从而与邬君梅结下了深厚的友谊。后来，邓文迪决定拍摄《雪花秘扇》，并亲自担纲出品人。在此之前，虽然邓文迪从未担任过电影出品人，甚至没有运作影视项目的经验，但对于邓文迪的决定，邬君梅表示鼎力支持，并出色饰演了影片中的一个角色。

在接受媒体采访时，邬君梅表示邓文迪是一个非常执着的女人，认准了一件事，就会一直做下去，直到成功。

正是邓文迪身上这种顽强的毅力和百折不挠的精神吸引了邬君梅。另一方面，邓文迪对朋友非常热情和细心周到。有一次，邬君梅在纽约补拍戏份，因为种种原因，服装没有到位，邬君梅便到邓文迪家找她想办法。邬君梅和邓文迪身形、身高相似，穿同一个码的衣服。邓文迪非常大方地打开自己的衣柜，帮邬君梅一起挑选。第二天,邓文迪又亲自将挑好的衣服送到了拍摄现场,令邬君梅非常感动。

《雪花秘扇》凝结了邓文迪和邬君梅的很多心血,电影即将上映之际,邬君梅亮相上海电影节,在接受记者采访的时候表示,外界给邓文迪贴了太多标签,邓文迪虽然初次做出品人,却做得非常好,自己以后也要自省,多向邓文迪学习。在邬君梅心里,邓文迪充满活力和热情,又很有幽默感,是很多导演和演员都想与其合作的人。邬君梅希望邓文迪能成功并继续做下去,这样好莱坞和中国就又多了个华人美女电影人!

在拍摄《雪花秘扇》期间,邓文迪常常现场与演员切磋台词。邬君梅觉得邓文迪的台词功底非常好,虽然没学过表演,但念出来的台词很专业。邬君梅甚至打趣,邓文迪比自己更适合影片中的角色。

作为一个"细节控",邓文迪确实对影片非常认真,不只是台词,在方方面面,都希望能尽善尽美。也正是因为她这种严苛的标准,使得《雪花秘扇》以精良的制作赢得好评。

与邓文迪相识、相知多年,邬君梅非常了解邓文迪,认为邓文迪是一个有着清晰目标的人,一直很清楚自己的诉求。她认为邓文迪担任《雪花秘扇》的出品人,做得非常出色,影片上映后,无论票房成功,还是失败,自己和外界都不应据此对邓文迪做定论。因为影片的票房本身就受诸多因素影响,排片率、营销宣传及演员的票房号召力……都会对票房产生影响。

"如果这部戏最后票房好,肯定能让她今后更有信心,但是这部戏的完成和它的意义,应该都比最后的票房数字重要……其实她也有谈她的下一部计划,也会继续做东西文化事业方面的交流,这个大方向是很清晰的,她也是可以做得很好的。"

邬君梅的说辞非常中肯。一部影片的成功应如何界定?票房，并不是唯一的标准。《雪花秘扇》上映后，收获了很好的口碑，很多人为影片所表达的情感和故事本身而感动。同时，这部影片也生动再现了邓文迪内心所构建的世界。就这两点而言，这部影片无疑是非常成功的。

且与一般偏商业化的电影从业者不同，邓文迪是一个有着自己的电影梦想和审美诉求的人，她从未考虑过迎合市场，而是选了一个非常小众化的题材。这也是邬君梅欣赏邓文迪的一个原因。

当然，以邓文迪当时的身份，也不需要去迎合市场，这就是邓文迪的底气。一般导演和制片人，往往要历经数年打拼和磨炼，为了票房和名气，他们往往向市场妥协。而邓文迪是非常幸运，也是非常勇敢的，初出茅庐便可以心无旁骛地选择自己喜欢的题材。

相交多年，邬君梅觉得邓文迪的变化并不大，为人直爽、热情，一直都风风火火。开心起来，会无所顾忌地哈哈大笑。虽然表面看起来，邓文迪是爽朗、不拘小节的性格，但邬君梅很清楚，在工作中，邓文迪是非常严苛的，对细节的把控和重视程度超出常人。

这样的反差出现在邓文迪身上，并不稀奇。邓文迪对家人和朋友非常热情，不会过于严苛地要求别人。即使是对待自己的女儿，邓文迪也坚持以身作则，在此基础之上，再去要求女儿达到自己要求的标准。

邓文迪对工作的严苛，对于细节的反复打磨，乃是因为内心的责任感及对工作的热爱，加上对艺术的尊重——这也是邬君梅能够与邓文迪保持多年友谊非常重要的原因。

女人之间的友谊，总是带有很多互相欣赏和认同的意味。

深受李冰冰赞扬的育儿理念

邓文迪和李冰冰的相识，始于《雪花秘扇》的拍摄。此后数年间，两人一直保持着友好往来。2017年，邓文迪在微博上发了一张照片，照片里，她、李冰冰及苏芒等人面对镜头，绽放出灿烂笑容。

邓文迪还为这张照片配了一句话："中国女人在纽约。"

第五章 星光熠熠的朋友圈

照片一经曝光,惊艳了无数人。照片中的四人均已人到中年,容貌和状态却很好。邓文迪能和李冰冰保持多年的友谊,源于二人对彼此思想价值观念的认同。在事业心较强的李冰冰看来,邓文迪是一个非常聪明、能干的女人,且做事干脆利落。尤其值得一提的是,邓文迪教育孩子很有一套。一个女人一生中要扮演多种角色,母亲无疑是其中最重要的角色之一。李冰冰觉得,邓文迪在这一点上做得非常成功。

谈及对邓文迪的印象,李冰冰曾向媒体表示:"认识她以前,我和大家一样,觉得她肯定是高高在上的女强人,但从她第一次打电话要我来演开始,我发现她完全没有大家传说的上流社会、超级有钱的人的那种距离感,她身上有作为姐姐的那种温柔和体贴。她是一个很好的妈妈,她的两个女儿非常有礼貌,看到任何人都会微笑。我说我们拥抱一下吧,她们就羞答答地跟你拥抱。我曾经去她家里住过,有个孩子很喜欢蛇,但邓文迪不同意她养,就一直跟她讲道理。她还会跟孩子们互相发邮件,培养她们的感情沟通能力和表达能力。"

邓文迪非常重视两个女儿的教育。女儿小时候,家里到处都

第五章
星光熠熠的朋友圈

是中文卡片,贴在墙壁上、衣橱上及一些必备的生活用品上,方便女儿随时随地学习。为了做一个合格的妈妈,邓文迪看了大量育儿方面的书,得知婴儿是很聪明的,记忆力也很好,因此,当两个女儿还躺在摇篮里的时候,邓文迪便将写着中文的卡片给女儿看,一边看一边念。

在美国,一些富人非常重视孩子的生日,往往大肆铺张,甚至会包下整个岛屿为孩子庆祝。在邓文迪看来,这样的做法有些过了。邓文迪本人并不是挥霍无度的女人,嫁给默多克后,虽然可以自如支配大量财富,却从不铺张浪费。邓文迪不希望在物质上宠坏女儿,常常鼓励女儿做一些力所能及的家务劳动,诸如浇花、打扫房间等,邓文迪会根据女儿的表现为她们打分。只有在得到高分的前提下,过生日的时候,女儿才能挑选两件玩具作为生日礼物。

这一教育理念,使格蕾丝和克洛伊从小便热爱劳动,懂得尊重他人的劳动成果。对姐妹二人而言,看着自己亲手浇灌的花儿开了,就是一件非常快乐而美妙的事情。

默多克工作不忙的时候,一家四口常常开车到中餐馆吃饭,那时他们最喜欢吃的便是饺子。这种中国传统食物,包着各种馅料,深得默多克和孩子们的喜爱。与邓文迪恋爱、结婚后,默多克开始对中餐感兴趣。一家人也会在纽约过中国年,自己制作馅料包饺子。

一家人围在一起,为一顿晚餐而忙碌。这对默多克而言,是非常难得的、平静而幸福的时光。

邓文迪骨子里有很强的中国情结,因此,在对两个女儿的教育上,邓文迪从中文到中国传统食物……将这种情结渗透到了方方面面。在妈妈的影响下,格蕾丝和克洛伊很喜欢中国,几乎每年都会来中国参加夏令营、走亲戚。

默多克在纽约有一处房产,它曾属于洛克菲勒家族。默多克对这所大房子非常重视,出于种种原因,足足等了二十年,才将这所房子买下来。这所房子仅装修一项,就花了三年时间。之后邓文迪又对其精心布置了一番,使内部呈现出一种低调奢华的中西合璧式的风格。邓文迪精心挑选了多幅中国画,挂在墙壁上,希望两个女儿从小就能受到中国文化的熏陶和浸染。

平日里,默多克将自己的时间和精力更多花在了工作上,一应家庭事务全权交由邓文迪打理,因为默多克非常信赖邓文迪的能力、审美风格等。同时,默多克本人对中国传统文化也很感兴趣,潜意识里也希望自己的两个宝贝女儿日后像邓文迪一样,长成中西合璧式的优秀女孩。

作为一名新手妈妈,邓文迪平时非常注重经验的积累,并不断提升自己的专业性,看了大量育儿方面的书,最终觉得还是中西结合式的教育理念对女儿更好。因为无论是中国传统的教育方式，还是西式的教育理念，都各有利弊，若全盘照搬，未免有失偏颇。

在格蕾丝和克洛伊的成长过程中，邓文迪更多是充任朋友的角色，既不花费大量的时间、精力在孩子身上，事无巨细地为孩子打点一切，也不对孩子采取放养的教育方式。

在邓文迪看来，一味放养的做法，并不能让人放心。小孩子的自律性和自我管理能力较差，需要父母适度管束，才能更好地约束自己，并养成良好的习惯。同时，父母也不宜事事大包大揽，以免使孩子过于依赖父母，缺乏独立自主的个性，这对孩子日后的成长和发展是很不利的。

邓文迪是一个对女儿要求很高的妈妈。可能是因为邓文迪本人从小受到的家庭教育就比较严格，她潜意识里希望女儿能比自己做得更好。但在两个女儿的生活、学习过程中，邓文迪从不会采取专制的方式，强迫女儿去做一些事情，而是注重以身作则，循循善诱。

论及对女儿们的教育，邓文迪曾说："我觉得小孩，需要你建立一个好榜样，以身作则。我教育小孩要努力学习，但如果自己每天乱玩、不负责任，小孩肯定不听你的。好的身教是很重要的，还要有好的榜样，比如我常常有意识地给小孩引荐一些各个行业优秀的人，比如科学家、艺术家、作家，各种各样的有理想、有专长的人，可以聚聚会，一起吃个午饭，然后聊聊天，让小孩参加，自己提问题。这样就会让她们在无意之间听到这些人的故事，并激发她们的兴趣，这样很重要。"

邓文迪的教育方式很奏效。小孩子是最容易接受暗示的，接触的人都会对其思想价值观念、一言一行产生影响。格蕾丝和克洛伊从小与各个领域取得杰出成就的人相处，于耳濡目染中学习到立身处世的智慧和本领，这些成功人士的杰出成就也激励着她们日后成为更优秀的人。

在诸多闺蜜中，邓文迪和"虎妈"蔡美儿往来非常密切。蔡美儿现任耶鲁大学法学院终身教授，曾以自身育儿经验写了一本书——《虎妈战歌》。这本书一经出版，引起很大的反响和争议。在这本书中，蔡美儿表示：在孩子小的时候，他们不一定知道什么是对的，什么是应该坚持的，作为家长就应该有所坚持，孩子长大后会因此感激家长。

对这一理念，邓文迪表示非常赞同。蔡美儿也有两个女儿，且两个女儿陆续被哈佛大学录取，这从某个方面印证了蔡美儿教育理念的成功。邓文迪和蔡美儿经常举行母女聚会，周末闲暇的时候，六个人聚在一起。邓文迪喜欢与蔡美儿探讨育儿理念，常常将自己看过的教育方面的书或者一些心得、体会，与蔡美儿分

第五章
星光熠熠的朋友圈

享和探讨。同时,邓文迪也常常邀请一些中国朋友到家中聚会,这样一来,两个女儿便有了讲中文的环境。

如今,格蕾丝和克洛伊已经长成了亭亭玉立的大姑娘。进入青春期后的孩子,往往是最令父母操心的,儿时虽顽劣、淘气,但各方面都比较可控,不会轻易脱离父母的管束。随着孩子不断长大,这种可控的程度会不断降低。但邓文迪并不为此忧虑,因为格蕾丝和克洛伊都是很懂事的姑娘,且乐于与母亲分享自己的见闻、挫折、快乐……邓文迪不用像一些缺少安全感的母亲一样,想尽办法窥探孩子的生活和隐私。

父母和孩子相守的时光总是越来越少,一旦孩子到了上学的年龄,便无法和父母时时处处在一起,他们会有新的同学和小伙伴,以后也会有自己的工作和生活,离开父母的时间越来越长。邓文迪很清楚这一点,因为邓文迪自己也是如此,在美国求学、定居后,和父母相守的时间越来越少。因此,邓文迪非常珍惜两个女儿环绕在身边的日子。在邓文迪看来,人生中的很多幸福时光,就像烟花一样短暂易逝。唯一能做的,就是在拥有的时候好好珍惜。

格蕾丝和克洛伊从小在富足快乐的家庭环境中长大,她们养成了开朗乐观的性格。她们在专注学业的同时,也有自己的兴趣爱好。

两个女儿虽然生在豪门，但邓文迪从未放松对女儿的要求。在邓文迪的观念里，豪门出身只是给了女儿更好的学习和成长环境，并不意味着女儿就可以从此高枕无忧，不用再努力了。

邓文迪始终期待着两个女儿能不断超越自己，变得更优秀。

4 美国"第一千金"伊万卡

对于很多中国人而言，"伊万卡"这个名字并不陌生。2016年，伊万卡的父亲唐纳德·特朗普击败希拉里·克林顿，成为美国第四十五任总统。身为总统女儿的伊万卡，由此成为很多人心中的美国"第一千金"。

伊万卡是唐纳德·特朗普和第一任妻子伊凡娜所生，是一个典型的"80后"。然而，不同于一般从小养尊处优的富二代，伊万卡很小就开始自食其力。很小的时候，伊万卡就在父亲的指点下，开始研究股票，钻研赚钱和经商之道。伊万卡曾经在全美排名第三的私立学校就读,并以优异的成绩考取了宾夕法尼亚大学沃顿商学院。

父母向来只提供学费和生活费,伊万卡想要更多的零花钱,只有自己去赚。不得不说,伊万卡的父母在子女教育上非常成功,这一理念使伊万卡从小便有一种努力奋斗的意识。还在高中时,伊万卡就已经拥有1.80米的傲人身高。容颜娇俏的伊万卡很快找到了一份兼职模特的工作,姣好的形象频频出现在著名时装杂志《ELLE》和《魅力》的内页中。1997年,伊万卡成为美国妙龄小姐选美比赛的主持人。

凭借先天的优势和后天的努力,伊万卡开始在模特界崭露头角,最终成为世界超级名模。与此同时,伊万卡也并未荒废自己的经商才能。2004年,伊万卡大学毕业后进入福里斯特城合伙公司历练,出任项目经理一职。当很多同龄的女孩还在为前途感到迷茫的时候,24岁的伊万卡已经成为父亲集团的副总,并逐渐成了父亲特朗普最得力的干将之一,曾经连续两年登上美国《福布斯》杂志"全球十大未婚女富豪排行榜"。

2007年,伊万卡凭借多年累积的行业经验和财富,推出了自己的同名珠宝系列——伊万卡·特朗普珠宝收藏(Ivanka Trump Jewelry Collection),并在纽约开了一家属于自己的珠宝店。与此同时,伊万卡还涉足食品行业,与食品巨头康尼格拉公司达成深度合作。接下来，似乎永不满足的伊万卡又陆续联手其他大牌，相继推出了伊万卡·特朗普鞋履系列、手袋系列、成衣系列。一时之间，伊万卡成为美国年轻一代的偶像，成了"励志"和"时尚"的代名词。

2017年，在模特界和商界征伐多年的伊万卡，开始进入政界，成了美国政坛上冉冉升起的一颗新星。

早在2017年初，伊万卡便辞去了特朗普集团执行副总裁及同名品牌负责人职务，并将手中的股份抛售，斩断与集团之间的利益关系。大约两个月后，伊万卡正式成为白宫的非正式顾问。

每个人的精力都是有限的，一生能够做好一件事足矣。2018年，伊万卡将自有服装品牌关闭，决心以全副精力从政。

2009年10月25日，伊万卡与深爱的贾瑞德·库什纳步入了婚姻的殿堂，全世界见证了这场盛大的婚礼。贾瑞德·库什纳是犹太富商之子，收购了《纽约观察家》报纸，才华超群，且外形俊朗，与伊万卡算是门当户对。出身显赫又名利兼收，更觅得两情相悦的如意郎君，伊万卡幸福美满的生活一时令万千女性艳羡不已。

事实上，正是因为邓文迪的牵线搭桥，伊万卡和贾瑞德·库什纳才最终走到了一起。

第五章　星光熠熠的朋友圈

　　伊万卡和贾瑞德·库什纳初识时，虽然对彼此都颇有好感，但并未走到一起。在邓文迪心里，二人男才女貌，各方面都非常般配。为促成这一对佳偶，邓文迪刻意制造机会，将两人一起邀请到默多克的游艇上，为他们创造机会。2009年，伊万卡终于嫁给了贾瑞德·库什纳。邓文迪发自内心地替伊万卡高兴。如今，两人已育有三名子女，感情一直很稳定。伊万卡和贾瑞德·库什纳内心都对邓文迪充满了感激之情。

　　即使是在特朗普一家入住白宫后，伊万卡仍与邓文迪往来密切。两人常常结伴出游，一起观看球赛，与普通闺蜜并无二致。

伊万卡也曾在社交媒体上表达对邓文迪的欣赏之情,在伊万卡眼中,邓文迪是"可以激励你努力工作,积极向上,同时还能让你开怀大笑的好朋友"。

2017年,伊万卡登上《时代》周刊"最具影响力百人榜"。作为伊万卡多年的闺中密友,邓文迪亲自为伊万卡写下简介:

当大家知道伊万卡·特朗普是美国"第一千金",一位企业家和贤妻良母时,我已经有幸与她做了12年的好朋友。我们在纽约做邻居时认识了彼此,并很快亲近起来。作为现代职场妈妈,我们面临着共同的挑战,分享着相同的喜悦,她也成为我生活中一位值得信任的顾问。

我一直佩服伊万卡能很好地运用自己的知名度。长久以来,她都在主张女性获得平等权利,如今她也在牵头推进教育计划……她还放弃自己熟悉的生活,举家迁往华盛顿寻求积极的改变,这种勇气令我十分佩服。

她一直是我女儿们的榜样,现在也将成为全世界女性的榜样。

以上是邓文迪撰写的简介中的一部分。对于这位才华与容貌兼备的好闺蜜,邓文迪在字里行间不吝溢美之词。

第五章
星光熠熠的朋友圈

在某种程度上,邓文迪和伊万卡之间的友谊能够保持十年以上,源于两人有很多共同的兴趣爱好和对于事业、人生的一致理念。

正如伊万卡所说,邓文迪是一个可以激励人不断向上的朋友。与邓文迪的相识,使伊万卡的爱情朝着更好的方向发展,最终收获了一段幸福美满的婚姻。邓文迪是一个全身充满了能量的女人,对生活充满了激情,她对伊万卡的影响体现在诸多方面。

2016年,特朗普当选美国总统后,其年仅4岁的小外孙女阿拉贝拉在社交网站上背诵唐诗的视频一度广为流传。很多人为此惊讶不已。其实,受邓文迪的影响,伊万卡一直非常注重子女的汉语教育。

邓文迪和伊万卡一致认为,随着中国的日益发展和强大,说中文将成为未来的一种趋势。因此,邓文迪和伊万卡都非常注重孩子的中文学习。

2017年,特朗普访华时,特地用平板电脑展示了外孙女的才艺。视频中的阿拉贝拉身着旗袍,头发挽起,礼貌地用中文打招呼。开场白之后,阿拉贝拉又唱了一首《在希望的田野上》,吐字非常清晰、标准,童声清脆而婉转。据说像《三字经》和一些常见的古诗词,阿拉贝拉都能倒背如流,很多人对此惊叹不已。

邓文迪一家常常在纽约过中国年。在邓文迪的影响之下，伊万卡每年都让女儿在社交媒体上拜年。在充满中国风的拜年仪式中，常常传来阿拉贝拉童稚的歌声。2017年春节，伊万卡和阿拉贝拉现身中国驻美国大使馆拜年，阿拉贝拉穿着一套中国红的衣服。其间，伊万卡和阿拉贝拉欣赏了中国传统工艺，并收藏了一张兔子剪纸。

为了让孩子更好地学习中文，伊万卡还请了一个会讲中文的保姆，让保姆在家中说中文、做中餐。如此一来，阿拉贝拉的中文水平提升得非常快，不仅汉语发音标准，还能写一手汉字。

邓文迪和伊万卡不仅是彼此精神上的慰藉，在事业上，也是对方最坚实的后盾。在伊万卡的珠宝品牌进军中国市场时，邓文迪全力帮助伊万卡开拓中国市场。

在某种程度上，邓文迪和美国"第一千金"伊万卡之间的友谊，是对"好闺蜜"这一词语的最佳诠释：她们互相激励、慰藉，使对方成为更完美的女人，也遇见了更好的自己。

西方媒体眼里的社交达人

这是一个价值观日趋多元化的时代,一个充满争议的时代,一个批判性与包容性兼具的时代。一千个人眼里便有一千个邓文迪。对于邓文迪,一些人会觉得难以下结论。

有人钦佩邓文迪的才干与智慧,有人羡慕邓文迪的好运气,也有人对邓文迪的一些经历无法认同。

在西方媒体看来,邓文迪是一个集智慧、野心和超凡人格魅力于一体的女人。邓文迪并不是一个典型的中国女性。一方面是因为邓文迪身上并没有中国女性特有的传统、内敛等品质,她是开放的、强势的,她总是充满激情,有时甚至表现出一种侵略性;另一方面,很多中国女性倾向于以百倍的艰辛和汗水换取巨大的成就。就这一点而言,邓文迪似乎总能在一些人生的关键节点上，找到事半功倍的捷径。

老一辈中国人崇尚"吃苦文化"。邓文迪虽积极肯干，但似乎并不完全认同这一文化。邓文迪身上，有一种强大的柔韧性，一种极强的变通性，使她很少受到外在环境和他人的干扰。确切地说，她是一个能够影响周围大环境，并以积极、自信的人生态度感染他人的人。

邓文迪对两个女儿的教育方式也是中西结合式的。她的明星好友休·杰克曼曾表示："文迪是个严格的母亲。不把拥有的一切看作理所当然，这是她要求女儿们具备的最重要的品质之一，她要求她们拥有独立的精神生活，她们会定期去教堂和主日学校。我们去她家做客时，她常常会和女儿们一起包饺子来招待大家。"

在国外，邓文迪几乎受到了朋友们的一致褒扬。邓文迪对待朋友非常热情、主动，并且总能很快与周围环境相融。

在妮可·基德曼看来，与邓文迪相处是一件非常轻松而愉悦的事。有一次，妮可·基德曼邀请邓文迪一起参加一部影片的杀青派对，现场有很多邓文迪并不认识的人，妮可·基德曼担心邓文迪会不适应这样的场合，便告诉邓文迪，想来就来，不用有所顾虑。

然而，事实证明，妮可·基德曼的担忧完全是多余的，邓文

第五章
星光熠熠的朋友圈

迪精心打扮了一番，兴致颇浓地赶来参加派对了，凭借迷人的社交风采和默多克夫人的身份，邓文迪很受欢迎，与相识的、不相识的朋友们频频举杯，几乎整晚都在跳舞。

一直以来，邓文迪都是一个充满人格魅力的女人，她性格热情、开朗，虽然语速很快，且有较浓的中国口音，但这丝毫不妨碍她与人愉快地沟通。且邓文迪说话的时候，脸上常常带着极具亲和力的笑容，这样能够迅速拉近与很多陌生人的距离。

在西方媒体的报道中，邓文迪是极富人格魅力的女人、天生的社交好手。《美国周刊》的主编蒂娜·布朗曾经有过一段和邓文迪共同主持派对的经历，邓文迪表现十分出色，给蒂娜·布朗留下了非常深刻的印象。蒂娜·布朗表示，邓文迪"不是那种只会坐在泳池边的主妇。和她共事是种享受，她相当专业，极其擅长把各种人汇集在一起，十分积极主动"。

2011年初，一名叫戈尔法的记者曾采访过邓文迪，这也是戈尔法第一次在休·杰克曼位于纽约的家中见到邓文迪，当时邓文迪正准备参加一场时装秀，整个人散发出一种时尚、干练的气息，穿着最新款的普拉达短裙，黑色紧身的短裙恰到好处地勾勒出她的身材曲线，脚上是一双黑色及膝平底靴。

戈尔法想象中的邓文迪是一个坚韧、冷漠的女人，不甚友善。然而，这次见面完全打破了戈尔法对邓文迪的看法。在戈尔法的眼中，邓文迪的沟通方式很直接，本人更是"充满了无可争辩的魅力"。戈尔法表示，邓文迪在谈话间总是不经意地说出一个又一个令人吃惊的大人物的名字，其中也包括邓文迪的好朋友休·杰克曼和妮可·基德曼，此外，还有谷歌创始人拉里·佩奇、谢尔盖·布林以及达莎·朱可娃等等。这些人对于邓文迪而言，确实是非常亲密的朋友：妮可·基德曼是邓文迪女儿的教母，而休·杰克曼则是邓文迪女儿的教父。格蕾丝和克洛伊都曾身着白衣在约旦河畔正式受洗，参加洗礼的还有约旦王后拉尼娅……因此，当这些人名接连从邓文迪口中蹦出来时，戈尔法并不感到惊奇，也丝毫没有感到邓文迪是在炫耀，"好像因为她认识这些人，所以她觉得你也应该认识"。能与如此之多的精英人物结下深厚友谊，也充分证明了邓文迪的智慧和超凡人格魅力。

没过多久，戈尔法便在伦敦听证会上目睹了邓文迪的挺身护夫之举，当默多克遭到袭击时，邓文迪第一时间对袭击者进行了反击，姿势相当漂亮。邓文迪由此越发声名大噪，新闻集团的股价也因此上浮。

随后，戈尔法给邓文迪发了表示祝贺的短信，邓文迪热情地回复了戈尔法。戈尔法在对邓文迪表示激赏之余，不由感慨：如果鲁伯特·默多克还在寻找一个能帮他的企业重建品牌形象的人，那他不用再苦苦寻觅了，他身边的妻子就是那个人。

第五章
星光熠熠的朋友圈

每个人的思想价值观念不同,思维方式不同,使得世界向来不乏偏见。遥想当年,邓文迪风华正茂之时,嫁给了传媒大亨默多克。这使邓文迪成了一些人眼里为金钱而上位的女人。虽然这只是一种揣测,充满了主观臆断的成分,但不可否认的是,世人印象中的邓文迪是一个有野心的女人。相比邓文迪充满争议的婚姻和爱情,这一点几乎是毫无争议的。

但邓文迪嫁给默多克,并非野心使然,也不是为了攫取财富。曾有记者表示:"将邓文迪的婚姻简单描述成出于无情的野心实在太容易了,但对于我来说,这段婚姻更多的是两个智慧头脑的相遇——他们同样野心勃勃,同样对于经商赚钱有一种迷恋。"

默多克是一个典型的西方人,一个成功的商人,因而更能欣赏邓文迪身上的这种野心。在二人最为浓情蜜意的时期,默多克无论去哪里,都会带上邓文迪。邓文迪目睹和参与了默多克谈生意、收购公司及日常工作的全过程。对于默多克而言,邓文迪是最好的倾诉对象,默多克乐于与邓文迪分享自己对整个媒体行业的见解,开拓邓文迪对行业的认知、思维、眼光等。

邓文迪向来充满了向上的力量和进取心,这是一种与生俱来的积极性。从少女时代起,邓文迪便废寝忘食地学习。及至事业与爱情双丰收,邓文迪仍然积极、自律,勇敢地追寻自己想要的一切。邓文迪曾表示,"我当然知道我的生活多么不平凡,但我很清楚,为了获得知识我付出了多少努力,我把这种自律贯穿到整个生活当中。至于别人怎么看我,我如果担心这个的话,那每天都担心不过来,所以我选择忽略它。"

真正优秀的人,往往只专注于自己的目标,将时间、精力和心力花在有意义、有前景的事情上。邓文迪从不在意外界的评论和看法,从不安于平庸。可能在她看来,努力发展自身事业的同时,能陪伴家人,或静享一段休闲时光,已是她在世间难得的幸福。

有人说，婚姻不是爱情的坟墓，平淡琐碎的相守才是。

第六章
当传奇女人遭遇离婚

离婚真相

"真爱不灭,如永恒之火。"邓文迪与默多克刚结合的时候,二人都对这句话深信不疑。他们的爱情和婚姻历经了世间的流言和质疑,战胜了七年之痒……随着默多克渐渐年迈,所有人都以为他们会一直走下去。在外界看来,二人婚姻稳固,并且有两个聪明、美丽的女儿。

对于一个80多岁的老人而言,离婚是一个小概率事件。

然而,这个小概率事件还是发生了!并且是以一种令人猝不及防的方式。

当默多克向法院提出离婚申请时,身处曼哈顿的邓文迪正与朋友们在豪华公寓里聚会。律师通知邓文迪这个消息时,邓文迪感到非常震惊。平静下来后,邓文迪给默多克打电话,默多克回道:"我们没什么可商量的。"这个一贯沉稳、冷静的男人,擅长迅速而果断地处理一切,丝毫没给邓文迪挽回的机会。

邓文迪惊讶之余,感到非常无辜和受伤,不由向朋友抱怨:"我不知道为什么,我什么都没做。"

一切就这样猝不及防地发生了。邓文迪的好友在面对外界的询问时,也表示:"她完全被蒙在鼓里。她说她根本不知道会发生这样的事情。"

邓文迪不是过度依赖豪门的金丝雀,即使离开默多克,她仍然不乏安身立命的根本。但当时这种被动的局面,也绝不是她想看到的。

时隔不久,在曼哈顿的纽约州高等法院内,默多克和邓文迪共同出席了法庭听证会,二人在一张长方形的桌子上相对而坐。意味着自此之后,两人不再是并肩作战的战友,也不再是鹣鲽情深的夫妻。

默多克一如既往地穿着西装,灰色的西装使他显得沉闷而严谨。邓文迪则穿了一件橄榄绿的大衣。二人听着法官宣读离婚协议,他们平静的脸上看不出任何心理波动。在法官读完离婚协议后,邓文迪和默多克均表示没有任何异议,听证会顺利结束。一直期待一切能平静、快速地解决的默多克,对这种局面很满意,这意味着两人的离婚案省去了法庭审判程序。法官也当场向邓文迪和默多克表示祝贺："我非常高兴你们能友好地解决这件事，我向你们表示祝福。"

14年，两人的婚姻经历了很多风雨，最终却走到离婚的境地……如果一定要说这一切有什么征兆或原因，那么或许是在日复一日，年复一年的相处中，曾经的深情已慢慢消磨殆尽，爱情的火焰越来越微弱，已经不起任何打击。

有人说，婚姻不是爱情的坟墓，平淡琐碎的相守才是。在默多克正式向法院提出离婚申请之前，两人早已各行其是。默多克忙于工作，与邓文迪聚少离多，并且很少参加邓文迪举办的宴会和活动。渐渐地，两人之间的共同话题也越来越少。

婚后，邓文迪广交各界名流，眼界与思维方式不断变化，早已不是当初那个思维简单的年轻女人，不再是那个对默多克无限崇拜、爱慕的女人。

婚姻得以维系的前提是夫妻二人在精神上的共同提升和进步。作为一个聪明的女人，14年来，邓文迪一直在提升。看过最美的风景，也认识了很多更优秀的人。然而，默多克这样的传媒大佬，是始终站在金字塔顶尖的人，身上有一种恒定的光环。这使默多克的提升空间非常有限。

人生抵达一定高度后，便无法再仰望。不知从何时起，对于邓文迪而言，默多克再不是神祇般的存在，而是一个寻常老人。

第六章 当传奇女人遭遇离婚

或许,这就是世间很多爱情的真实模样:始于颜值,敬于佳言懿德,终于日复一日的平淡、琐碎……

邓文迪与默多克之间感情的日渐淡化,无疑是导致两人离婚的最重要原因。另一方面,默多克的子女们并不欢迎邓文迪,这种不欢迎与邓文迪本人无关。默多克家族内的关系错综复杂,毕竟涉及巨额财产、继承权等方方面面的问题。即使不考虑这些现实的因素,想让默多克的子女们在感情上接受一个陌生的女人,也是非常困难的。就这一点而言,无论豪门,还是普通人家,都是一样的。

邓文迪的婆婆是一名百岁高龄的老人。老人大多念旧,不喜欢变化。在邓文迪和默多克的第二任夫人安娜之间,这位婆婆更倾向于安娜,她与邓文迪的感情并不亲密,两人之间的沟通和交集很少。据说,在婆婆去世后的第二天,邓文迪还在忙迈阿密的慈善活动。

有时候,人们就是如此,将满满的爱和善意洒向陌生人,却与最亲近的家人难以冰释。

在邓文迪和默多克感情破裂之际,邓文迪几乎处于孤立无援的境地。在默多克家族中,没有人站出来为她说话。

幸亏邓文迪朋友众多,有闺蜜们的慰藉,邓文迪迅速从离婚的阴影中走了出来。邓文迪是一个内心非常强大的女人。她更愿意做一株独立的木棉,绝不做攀附、缠绕的菟丝草。

男人不是整个世界,婚姻也只是人生的一部分。

离开豪门之际,邓文迪内心并无怨怼,甚至仍有暖意,毕竟有过太多美好的回忆……默多克也给了邓文迪许多荣光和财富。

在离开默多克后,邓文迪的生活并没有马上归于平静。一如当初结婚时备受关注,在离婚之际,她也吸引了大批媒体和看客的关注。一时之间,邓文迪再度被推上了风口浪尖。

在邓文迪的人生中,这种关注已不是怪事。惊羡、质疑、好奇、同情……种种复杂的情绪,邓文迪都领略过。如今,历经14年豪门婚姻,邓文迪的心性更加成熟,也变得更坚强,她自信能够很好地处理这一切。

邓文迪并不在意外界的看法,心头很快释然了,感觉自己又回到自由、洒脱的单身状态,体会到前所未有的轻松。

离婚后,邓文迪每日忙于照顾女儿,照常参加各种聚会和活动。邓文迪与默多克之间保持着很友好的关系。两人曾联合发布离婚声明:我们非常高兴地宣布,我们已经友好地就离婚事宜达成了协议。出于对彼此的尊重,我们向前跨出了这一步,日后我们也将继续分享两个女儿所带来的快乐。关于此事,我们不会再做进一步的评论。

念及默多克思念女儿,邓文迪常常带着两个女儿去探望默多克,她也经常与默多克分享、探讨女儿的教育和成长问题。

相比邓文迪的洒脱,默多克的情况并不乐观。默多克称自己在离婚后"度过了非常糟糕的1月和2月"。据他描述,"我在旧金山家中摔了一跤……我摔倒在地毯上,头部着地。我一生中从来没有这么疼过。我的一位朋友叫来他的一位做神经外科大夫的朋友,对方很快说我没有脑震荡"。但默多克仍然感到身体和精神上的不适,在家中静静地休息了三个星期。

或许,默多克确实受到了离婚事件的冲击,也可能是因为年纪确实太大了。但默多克对自己的健康状况很有信心,表示自己的母亲103岁才去世,自己一定也遗传了这种长寿的基因,加之后天的保养和医疗条件等,比母亲多活二十年是没问题的。医生检查后，也表示默多克的身体很好。

在此之前，默多克已经将新闻集团的大部分工作交给两个儿子，长子拉克兰出任新闻集团和二十一世纪福克斯公司新的非执行董事会主席，次子詹姆斯出任二十一世纪福克斯公司首席运营官。两个儿子年富力强，对工作兢兢业业，让默多克非常欣慰。

默多克因病偷闲，难得彻底抛开工作，内心也平静下来。人在最脆弱的时候，更会感到家人的重要性。默多克想起自己与安娜所生的大女儿伊丽莎白。伊丽莎白在伦敦的闪耀电视制作公司工作。在当年的"窃听丑闻"发生后，伊丽莎白曾公开批评詹姆斯以及新闻集团。伊丽莎白这一维护父亲的举动，几乎赢得了所有人的赞赏。然而，默多克却为此批评了她。默多克的反应令伊丽莎白在感情上受到了很大的伤害，觉得自己是不被父亲喜欢的女儿。

如今，处于休养中的默多克，想起这个女儿，于是给她打了一个很长的电话，在电话中并未谈及工作，父女二人围绕伊丽莎白的孩子们聊了一个小时。父女之间的距离、隔阂被迅速打消，伊丽莎白感到父亲还是爱自己的。

时间是最好的良药，抚平了伊丽莎白心头的创伤，也使默多克消除了离婚的失落感。5个月后，体力和精神已经彻底恢复过来的默多克，又对生活充满了期待。他在加州购买了一大片葡萄园，又花费近 6000 万美元在曼哈顿购置了一处总面积近千平方米的豪华高层公寓，并在公寓中为格蕾丝和克洛伊留了房间。在与邓文迪结束夫妻关系后，默多克丝毫没有减少对两个女儿的爱，内心期待着女儿能经常来此小住。

已过耄耋之年的默多克，除了亲情，对很多事情都很淡然。另一方面，可能是受邓文迪的思想价值观念和态度的影响，默多克也不在意外界的评价，表示"不介意人们怎么看我，我从来不看任何关于我的书"。

结束一段长达 14 年的婚姻，仿佛挥手作别一段前尘往事。休整了一段时间后，默多克开始了全新的生活。

相比之下，邓文迪的恢复期要比默多克短很多，对新生活的适应能力也更强。

在与默多克婚姻存续期间，邓文迪利用自己在国内的资源和人脉关系，为默多克积极开拓中国市场，此后又以豪门平台为依托，准备征战好莱坞。邓文迪不断进行身份转变和自我突破，早已从"豪门阔太"和默多克的事业伙伴，蜕变成《新闻周刊》笔下的"奇迹文迪"。离开豪门之后，以邓文迪的才干和智慧，又会在不久的将来创造出什么更惊人的奇迹呢？

2　失去豪门，精彩继续

24岁拿绿卡，28岁从耶鲁大学商学院毕业，31岁嫁入世界级豪门，43岁一捆成名。在邓文迪的人生中，从来不乏奇迹。因此，在45岁离开豪门之际，邓文迪的闺蜜和一众好友丝毫没有为邓文迪的前途感到忧虑。正如默多克传记（《新闻拥有者：在默多克的神秘王国里》）的作者沃尔夫所说："没有默多克，她仍会过上想要的生活。"

事实上，邓文迪虽然是在嫁给默多克后，才被媒体和大众所知晓，但是在嫁给默多克之前，没有豪门光环加身的时候，邓文迪就已经是一个很优秀的女人。

14年豪门阔太生涯，邓文迪的眼界、见识及方方面面均得到了提升。与默多克一起生活时，默多克和邓文迪谈论的话题很多，从英国的经济，到全球环保事业，再到石油价格和美国下一届大选……邓文迪就像一块海绵一样，不断从默多克以及各界名流的身上吸收各类知识，加之多年来积累的强大人脉关系，这些可以保证邓文迪即使离开豪门，仍然能做成自己想做的事情。

然而，相比事业上的发展，邓文迪最关心的还是两个女儿的健康成长。每年夏天，邓文迪都会带两个女儿来中国参加夏令营，接受中国传统文化的熏陶，学习中文和武术。

在与默多克离婚后，邓文迪仍然保持着这一习惯。如今，没有了新闻集团的事务缠身，也不需要协助默多克的工作和日程安排，邓文迪有更多时间在国内逗留，更何况邓文迪在北京拥有自己的房产。

这是一套毗邻故宫的四合院，坐落在北池子大街上。长街两旁的松树枝繁叶茂，使四合院处于一种非常静谧、幽深的氛围中。2004年，默多克以1000万元人民币买下了这套四合院。四合院内的配置非常高端，地下游泳池、迷你高尔夫球练习场及台球室等设施应有尽有。

自从默多克购入这套四合院，北京的房价连年上涨。极具北京传统民居特色的四合院，是各界名流抢购的首选。这套四合院的价格翻了几番，现在的估值已经达到十几亿元。

与邓文迪离婚后，默多克将此四合院送给了邓文迪。这是默多克送给邓文迪的一件非常好的礼物。或许，默多克也是考虑到邓文迪经常带孩子们回中国。邓文迪非常喜欢这套四合院，高耸的院墙使它难以被窥视，且门前装有闭路摄像设备，地下车库也装了摄像机,这个私密性较强的四合院,让人很有安全感。

虽然已经不再是豪门阔太,媒体仍对邓文迪的一切充满好奇,毕竟这个女人身上有太多标签。这套四合院也被记者一再探访,记者曾向四合院附近的商店老板娘和连锁酒店员工打探四合院的情况,却一无所获。因为邓文迪大部分时间仍在国外,极少来四合院。普通老百姓并不知晓这套四合院的主人是谁。

世界上有太多传奇人物,且每天都有重大事件发生。人们的注意力和精力注定是有限的,很多人不知道邓文迪的存在也属正常。"离婚事件"极大提高了邓文迪的关注度,很多人又开始将眼光聚焦到这个中国女人身上。

本质上,人都有功利的一面。人们对邓文迪的关注,一方面是为了满足自身好奇心;另一方面,也是希望从邓文迪身上发掘到可借鉴的人生经验和处世智慧。

在西方一些媒体看来,邓文迪是"马基雅维利主义者",即一心朝着自己的目标前进,甚至可以为此不择手段的人。这种说法未免有失偏颇。确切地说,一千个人眼里就有一千个邓文迪。然而,所有人眼里的邓文迪都有这些共性:聪明,内心强大,善于把握和利用机会——这才是值得所有女性学习和借鉴之处。

关于邓文迪"善于把握机会",有一个非常经典的小故事,2005年,著名主持人许戈辉曾说道:"有一次在酒会上,我、鲁豫和邓文迪一起遇到默多克,后来我和鲁豫就开玩笑,说我们曾经有同等的机会,为什么人家就成了默多克的太太,而我们还是

第六章
当传奇女人遭遇离婚

默多克的员工?"

如今,这个小故事仍然时常被人们提起。

邓文迪在离婚后,并没有马上拓展自己的事业,而是以女儿为重心。在邓文迪的心中,两个女儿才是第一位的,自己的第一身份是"母亲"。另一方面,或许这个努力和打拼了半辈子的女人也需要一段时间过渡、沉淀。

生而在世,每个人扮演的角色不同。有的人安于坐在台下鼓掌,而有的人天生便是属于舞台的。邓文迪无疑是后者。离开豪门后,邓文迪的一举一动仍备受关注。邓文迪再次强势出现在公众的视野中是 2015 年。

2015 年,在安娜·温图尔的邀请下,邓文迪成为 Met Gala 的联合主席,以一袭奥斯卡·德拉伦塔(Oscar de la Renta)肚兜式梅花纹礼服惊艳亮相,十足的东方风韵,气场甚至压过了一些大牌明星。

Met Gala,又被称为"Met Ball",是每年 5 月份,时装界都会如期迎来的一场盛宴。Met Gala 由纽约大都会艺术博物馆举办,每一期的主题都不同,且备受期待,众多名流汇聚于此,使 Met Gala 一度被称为"时尚界的奥斯卡"。

2014 年,Met Gala 的主题是"查尔斯·詹姆斯:超越时尚"。届时,时装界所有人士都怀着无比崇敬的心情,向这位美国时装界的"脊梁"致敬。

2015 年,Met Gala 的主题是"中国:镜花水月",旨在从时尚、服装、绘画、瓷器、艺术以及电影等多个层面，探讨中国文化为艺术创作所带来的影响。这一主题与邓文迪非常契合，并且邓文迪也一直希望将中国文化展现和介绍给西方国家。因此，当美国版《时尚》杂志主编安娜联系邓文迪担任联合主席的时候，邓文迪毫不犹豫地答应了安娜的请求。

一众一线华人女星在 2015 年的 Met Gala 上华丽亮相，巩俐、李冰冰、周迅、倪妮、高圆圆、章子怡……在这场世界顶级时尚

盛典上，众人盛装出席，仿佛璀璨的群星汇聚于天幕，她们的服装配饰及一举一动都成为众人关注的焦点。

在安娜的主导下，Met Ball 入场券价格一直在提高。2005年，一张入场券最低 5000 美元；到了 2014 年，入场券价格已经达到 2.5 万美元。在邓文迪的努力下，这一年的 Met Ball 星光熠熠，不负众望。

向来张扬、外向的邓文迪，非常享受在舞台上闪耀的感觉。在这样万众瞩目的时刻，整个人仿佛自带一圈光环。

对于邓文迪而言，担任 Met Ball 联合主席有多重意义，主要是为了向世界展现中国文化的魅力。另一方面，也是为了自我价值的实现。这场顶级时尚盛典，使世人再次看到了邓文迪的才华和能力。

虽然人到中年，邓文迪身上却一直焕发着一种"年轻态"，无惧岁月和年龄，从未停止向上，期待着遇见更好的自己。邓文迪努力面对生活和事业，潜意识里也是希望给女儿做个好榜样，做一个向日葵一样明媚向上的妈妈。在她精心呵护下，格蕾丝和克洛伊也果然如邓文迪所期待的，几乎样样都很出色，渐渐长成了非常聪明、漂亮的大女孩儿。

邓文迪最爱的男人是谁

但凡具有传奇色彩的女性,她们的感情经历往往也颇为传奇。在邓文迪的情感世界中,最令人瞩目也最为人津津乐道的一段,便是与传媒大亨默多克之间的爱情故事。

这是一段年龄相差悬殊的异国恋情。一直以来,外界对这段感情有着不同的见解。有人觉得他们是真心相爱,也有人觉得邓文迪和默多克的结合是各取所需:认为邓文迪是看上了默多克的财富,而默多克是因为一直非常看重中国市场的潜力,一旦迎娶了邓文迪,默多克身上便会多一个"中国女婿"的标签,这一身份对其进入中国市场很有利,且邓文迪本人的能力也能为默多克提供助力。

默多克真的会以自己的晚年生活来置换商业上的利益吗?无

论是从理性，还是从感性的角度考虑，答案都是偏向于否定的。

曾有专业人士做过调查，相比一般人，富豪们的婚姻往往具有很强的稳定性，离婚率并不高。其中一个比较重要的原因是，离婚往往面临着分割财产，会使富豪们的财富缩水。

然而，默多克在遇到邓文迪后，还是义无反顾地决定与共同生活了32年的妻子安娜离婚。为此，默多克付给安娜17亿美元的分手费，一度被称为"史上第二昂贵"的分手费。

在默多克眼里，一切都是值得的。邓文迪为默多克打开了另一扇大门，点燃了默多克的激情。默多克曾亲口承认，认识邓文迪之后，自己仿佛年轻了30岁。

而邓文迪也从默多克身上获得了名望、财富……但这并不是邓文迪的初衷。在默多克追求邓文迪的时候，邓文迪曾对默多克的爱意表示过明确的拒绝，邓文迪觉得自己正年轻，应该将更多时间和精力花在工作上，努力提升自己。这才是一个女人能够实实在在攥在自己手里的东西。相比之下，爱情是偏感性化的，具有不确定性。若自己将全部精力用于谈恋爱，一旦爱情消逝，自己岂不是什么都没有了。

一个几乎一无所有的中国女人，在有机会结识传媒大亨，并得到其爱慕后，第一反应不是将这份感情牢牢抓在手里，而是做出了理性的分析和判断。

2016年足球世界杯期间,英俊多金的C罗再度引起人们的关注,同时吸引人们眼球的,还有C罗的恋情。这个让数十亿女性为之着迷的男人,爱上了一个名叫乔治娜的姑娘。令人大跌眼镜的是,这个22岁的姑娘并非名媛,而是一名普普通通的售货员,在与C罗相识的前一个月,还在英国当保姆。与C罗相恋后,乔治娜工作的地方每天都被狗仔偷拍。为此,老板不得不将乔治娜辞退。C罗表示乔治娜以后不用去上班,自己完全可以养她。但乔治娜很快重新找了一份导购的工作。此举赢得了C罗发自内心的尊重。

一个凡事依靠男人的女人,或许会赢得爱情。但在本质上,男人会更尊重那些自立自强的女人。

在某种程度上,也是出于同样的原因,当邓文迪拒绝默多克后,默多克当即承诺迎娶邓文迪。

或许,一些阴谋论者会持截然不同的观点,将这一切看成邓文迪的"以退为进"策略。

在本质上,邓文迪并不是一个凡事依赖男人的小女人。一个精明、强干的女人,在年轻的时候,往往有着超强的进取心,对自己的未来充满信心,觉得自己的人生有无限可能。因此,她不会将人生目标定位为寻找到一张长期饭票，不会急于攀附。

即使没有默多克，邓文迪凭借自身实力，一样可以过上自己想要的生活。况且金钱多到一定程度，便只是一个数字，对于生活质量和幸福指数的提高，已经没有更大的意义。因而，很多人更倾向于相信邓文迪的说法，她和默多克之间的结合，除了爱情，没有别的原因。

故事的后续，也证明了像邓文迪这样强大、独立的女性，更能赢得异性的欣赏和爱慕。

2017年，邓文迪与匈牙利男模贝尔托尔德·扎霍兰的沙滩牵手照曝光，媒体和世人皆震惊不已。

邓文迪式的女人，像一本厚厚的书，吸引男人走近并徜徉其中，处处都是风景和惊喜，往往要用尽数十年，乃至毕生精力去研读。

所以年轻的贝尔托尔德·扎霍兰爱上了邓文迪。在贝尔托尔德·扎霍兰眼里，人至中年的邓文迪像一杯红酒一样醇厚迷人，有岁月沉淀下来的智慧和阅历，举手投足之间，散发出优雅的风韵。

从身材上看，邓文迪并不像一个中年女人。长期保持运动和健身的习惯，使邓文迪有着动人的身材曲线，身上没有一丝赘肉。戴上墨镜，与贝尔托尔德·扎霍兰牵手漫步在圣巴特岛海滩上，照片上的二人，仿佛一对同龄的情侣。

对邓文迪而言，默多克是一个智慧的长者，一座仰之弥高的高山；邓文迪对默多克的爱里，有尊重，有仰慕……而贝尔托尔德·扎霍兰则为邓文迪打开了一个活泼的、青翠的世界，与贝尔托尔德·扎霍兰在一起，邓文迪感到时间仿佛回到了30年前，自己还是一个正值青春年华的美丽姑娘。这种感觉和默多克爱上邓文迪时的感觉是一样的，他们因对方而感到年轻。

邓文迪另一段比较广为人知的感情，是与切瑞先生长达两年之久的婚姻。切瑞先生同样年长邓文迪很多，在邓文迪初到美国时，给了邓文迪很多关怀、温暖。然而，邓文迪最终否认了自己对切瑞先生的感情，觉得那并不是爱情，而是一种犹如女儿对父亲般的依恋。

在邓文迪的感情经历中，至少有过四个男人。如果要问邓文迪最爱的男人是谁？似乎很难找到答案。

整体来看，无论是传媒大亨默多克，年少英俊的匈牙利男模贝尔托尔德·扎霍兰，还是宽厚的中年大叔切瑞先生，他们都有一个共同点，就是与邓文迪之间存在很大的年龄差。

大卫·沃尔夫是唯一的例外，他与邓文迪年龄相仿。两人一起聚会，一起参加社会活动，可谓情投意合。在一些人眼里，或许这才是正常的、年轻人之间的恋情。

然而，两人就像两颗在各自轨道上运行的小行星，偶然间的交汇，擦出爱的火花，在此之后，继续沿着各自的轨道向前，注定要分离。

邓文迪考入耶鲁大学商学院后，得到了大卫·沃尔夫的资助。同时，两人也成了异地恋。再后来大卫·沃尔夫到中国发展，两人最终渐行渐远。

曾经深爱过，最终也只是变成了一段寻常往事。

或许，这也是世间大多数爱情的模样。

正如张爱玲所说，"世间没有一样感情不是千疮百孔"。曾经的天长地久、海誓山盟都成了陈年旧事，与大卫·沃尔夫是如此，与默多克也是如此。

所以，关于"邓文迪最爱的男人是谁"，这个问题的答案是阶段性的，是动态的。初遇切瑞先生时，邓文迪也一度沉沦于切瑞先生的温情和宽厚。与大卫·沃尔夫坠入爱河时，大卫·沃尔夫便是邓文迪最爱的男人。及至后来遇到默多克，默多克成了邓文迪心中的真爱。而后来，邓文迪最爱的男人自然是贝尔托尔德·扎霍兰……

保持对生活的激情，对事业和人生永远充满孩童般的好奇心和探索欲，才能由内而外，从身体到精神与时俱进，不断成长，使一个女人无论处在什么年龄阶段，都是充满魅力，而且可爱的。

邓文迪的人生哲学中没有"佛系"二字,她是一个积极主动创造机会的女人。

第七章
"邓文迪式"成功之路

1 为自己而活

多年前一些中国女孩的骨子里有很强烈的家庭观念,小到日常生活的细节,大到人生方向、目标,都会充分考虑父母的意愿和家庭的需要,必要的时候,甚至选择隐忍和牺牲自己。这自然是一种美德,却使女性难以活出自我。相比之下,邓文迪的自我意识几乎是与生俱来的,她在少女时期,便树立了远大志向,希望能够一朝走出国门,去见识广阔天地。

有时候,每个人人生的起点大同小异,只是因为个人的思想价值观念的不同,而走上了截然不同的道路,各自拥有了自己的天地。一些与邓文迪同龄的女孩,或是因为顾及家庭经济条件,或是因为本身缺乏对学习的兴趣而早早辍学,料理家务、照顾弟妹便是她们的日常。还有一些女孩读到大学毕业，听从家人的安排，找一份轻松、稳定的工作，嫁个可靠的男人，便是一生。

邓文迪是一个始终遵循自己内心的女人。因为强大的自我意识和独立意识，邓文迪在做人生规划时，几乎心无旁骛，从不考虑细枝末节。

因为不是独生子女，邓文迪很少考虑父母的想法和意愿，对原生家庭没有胶着的依赖感。当邓文迪决定去美国时，邓文迪的父母内心也会有顾虑，担心女儿是否能适应美国的生活，是否能照顾好自己，担心女儿的人身安全、学业……甚至很可能劝说过邓文迪放弃出国的想法，但邓文迪并不是一个听话的乖乖女。

邓文迪从来都是一个"只为自己而活"的女人，这使她能够在羽翼尚未丰满之时，便义无反顾地"飞"到美国，去追逐自己的梦想，努力成为理想中的自己。

在美国求学期间，邓文迪在努力攻读学业的同时，经常参加社会活动，打工赚钱养活自己。像很多中国留学生一样，邓文迪也在餐厅里刷过盘子，做过单调、乏味且重复性极强的工作，只为减轻父母的经济负担，证明自我价值：即使远在异国，即使没有父母的荫蔽，也能把自己照顾得很好。

邓文迪以自己的亲身经历告诉我们，在新时代，每个女人都应该具备自我意识和独立意识，不仅仅是满足父母、家庭乃至他人的诉求和期待，更重要的是遵循自己的内心，知道自己想要什么，想成为一个什么样的女人，懂得为自己而活。

邓文迪冲破原生家庭的樊笼，走出国门，见识了别样的广阔世界，并在耶鲁大学商学院完成了学业。耶鲁的光环和在异国生活的背景及经历，使邓文迪顺利完成了人生中的第一次蜕变。

在嫁给默多克后，邓文迪先后生下两个女儿，但邓文迪并没有沉湎于日复一日的庸常琐碎，没有成为默多克的附庸。女儿和老公自然是邓文迪人生中最重要的部分，但并非全部，她还有自己的路要走，未来还有无限可能。

在照顾好家人之余，邓文迪没有放弃自我提升，一直积极辅助默多克，并发展自己的事业。

站在顶级豪门这个平台上，邓文迪没有坐享荣华富贵。邓文迪内心对自己有着非常清晰的认知和定位：她是两个孩子的妈妈，是默多克背后的女人。同时，她也是邓文迪。

世间很多事都充满不确定性。默多克有过几任妻子，而邓文迪只是其中之一。若邓文迪在嫁入豪门后，一切以默多克为中心，日常围着两个孩子转，像很多全职家庭主妇一样，放弃所有社交、工作，只偶尔和一两个相交多年的闺蜜诉诉衷肠，并从此

告别职场,必然日趋与社会脱节,思想价值观念也会逐渐落后,最终成为一个见识浅陋、拘囿于家庭的妇人。

聪明的女人懂得将主动权把握在自己手里。邓文迪便是这样聪明而强大的女人,嫁入世界级豪门后,充分利用自己能够接触到的资源和优质人脉，不断拓宽自身眼界，发展自己的事业。

这种价值观念，使邓文迪即使一朝离开豪门，仍然不乏立足的资本。十四年豪门生涯，使邓文迪的思维方式、眼界、人脉关系……得到全面的积累和提升，即使没有默多克，她依然是一个光芒闪耀的女人，她仍然能够过上自己想要的生活。

邓文迪是一个真正活出了自己的风采的女人。她安然度过了人生中最大的一次波折。离开豪门后，她很快开始了全新的生活，并有了新的恋情。

树立起"为自己而活"的思想，就可以尽情地去做自己想做的事情，去探索自己的兴趣，过自己喜欢的生活。这样会使自己更快乐，同时，也不会对外界、对家人抱有更多的期待，不会在心理上背负沉重的负担，并且减少对他人的依赖，不会觉得自己必须要为别人牺牲，或是为了成全别人而委屈自己，也不会觉得别人一定要为自己付出什么，保持一种理性的均衡。这才是对自己和他人负责。

活出自己的风采，还体现在不过分在意外界的眼光，就像朴树，一直以来，他堪称娱乐圈中的一股清流，只专注于自己喜欢的音乐，生活清简自持。朴树日复一日，专注地做着自己喜欢的事。人到中年的朴树，内心一直非常富足，从不在意外界的声音和看法，因为生活是自己的。

生活就像一双鞋子，合不合脚只有自己知道。过分在意外界的眼光，用世俗的标准和他人的看法来衡量自己的人生，只会使人日渐失去自我。

很多人不懂这样的道理，做着自己并不喜欢的工作，只因家人觉得轻松稳定、福利好；穿着自己并不喜欢的衣服，只因周围人都是类似的风格。不想在别人眼里成为"另类"，就要努力和大家保持一致，以"合群"作为行为处事的准则。

有时候，一个人无法活出自己的风采，不是因为内心不够坚定，而是过于善良。面对别人的请求，他们不懂拒绝。时间长了，便习惯以他人为中心，通过揣测别人的想法和意愿来做事，很少正视自己的感受和诉求。

长此以往，他们便会在家庭、职场及一切人际关系中迷失，活在别人对自己的期许中，不断追逐和迎合外界对自己的认可。有时候，一个人只有忽略外界的眼光和评价，关注自己内心所想、所需，才能明确自己的人生目标。邓文迪就是这样，她从不在意外界的看法。即使第一段婚姻饱受诟病，邓文迪却并未将外界的议论放在心上，而是专注于自己的学业，将时间和精力花在值得的事情上，最终顺利从耶鲁大学毕业，并很快找到了喜欢的工作。

在嫁给默多克时,仍有很多人质疑她的感情和动机,但这丝毫不能影响邓文迪的选择。事实上,邓文迪曾经面临的指责、非议、误解,并不罕见,邓文迪也并未因此退缩。

每个人一生中,都不可避免地要面对类似的情况,没有谁的人生是一帆风顺的,区别只在于应对的态度。邓文迪是一个强大而洒脱的女人,非议和纷扰,不能伤她分毫。愿你我都能拥有这样的心境,抛开世俗的眼光和偏见,活出自己的风采。

主动才有机会

　　人生是一场远行。生活需要应对柴米油盐的琐碎,也需要铁与血般的意志。如此,我们才能够逢山开路,遇水搭桥,使自己日趋完善,人生更加完满。

　　在现实生活中,不乏这样一种女孩:除了美丽,一无所长;遇到困难,除了哭,没有任何办法。这样的女孩,往往温柔有余,却坚韧不足。她们似乎天生为风花雪月的浪漫而生,却难以应对婚姻家庭中的琐事。她们可以超脱于世俗之外,却在职场看不见的硝烟面前不战而败。

　　在某种程度上,无论生活,还是情场、职场,都是无形的战场。唯有掌握主动权,才可能使一切朝着自己期待的走势发展。邓文迪早早便明白了这样的道理。在国内读书的时候,邓文迪虽然不是全班最聪明的，却是最刻苦的，废寝忘食地学习，因为这是邓文迪当时能够抓在手里的，唯一可以改变命运的机会。

面对生活，邓文迪随时做好了迎战的心理准备，却从不剑拔弩张。这个女人似乎总能在不经意间得到别人梦寐以求的一切。

从美国学成归国后，邓文迪在飞机上遇到默多克所创办的新闻集团的董事布鲁斯·丘吉尔，并主动与之攀谈。邓文迪把握机会，在有限的时间内向丘吉尔全面展示了自己的才学、智慧及专长，使丘吉尔对眼前这个年纪尚轻却落落大方的女孩青睐有加，当即同意让邓文迪到卫星电视总部实习。

正是这一实习机会，使邓文迪有缘结识传媒大亨默多克。作为一个实力强悍且主动性极强的女人，邓文迪从不会让任何一个机会从身边溜走。若一切按照正常的逻辑发展，以邓文迪当时在卫星电视的职务和地位，是没有机会接触默多克的。但邓文迪巧妙地制造了一次"邂逅"，在默多克心中留下了深刻的印象。

如同李宗盛在一首歌中所表达的，"她的温柔是一种火候，不是哪个青春小妞随便学得走，她的幸福谁都不让插手"。

主动的人，有时能够争取到原本不属于自己的机会；而被动的人，往往会丧失原本属于自己的机会。面对生活，邓文迪从来都是主动出击。唯有主动，才有利于把握战局，并迎来转机。

在电影《穿普拉达的女王》中，刚毕业的青涩女孩安迪去面试时，面对时尚女魔头米兰达的强大气场和凌厉话锋，安迪一时被动、难堪到极点。她衣着潦草，妆容也不够精致，在面试之前甚至没有做足功课，她没看过米兰达公司出品的杂志，对于在时尚界呼风唤雨的米兰达本人，更是一无所知。

几轮交锋下来，安迪却化被动为主动，扭转了不利于自己的局势，主动向米兰达介绍自己的长处，并坦率而直接地为自己争取机会，"在你看来，我不适合这里，不够苗条漂亮，不懂时尚，但我很聪明，学得很快"。对时尚没有任何见解的安迪，最终为自己争取到了让无数人心仪的时尚杂志主编助理一职。

现实生活远没有电影精彩，也没那么多反转。当下流行一个词语：佛系。"佛系青年"更是一夜刷遍朋友圈，引起无数青年男女的共鸣。这是一种安于现状的人生态度，不争不躁，大有看破红尘之意。

邓文迪的人生哲学中没有"佛系"二字，她是一个积极主动创造机会的女人。邓文迪不仅能巧妙地抓住人生中的每一次机会，在没有机会的时候，甚至能创造机会。

曾有人总结邓文迪的行事风格，大体概括如下：锁定目标、立即执行、刷存在感、找对接点。

邓文迪是一个行动力很强的人，一旦下定决心要做一件事，便会立即采取行动。她一直坚信，时间和精力花在哪里，收获就在哪里。因此，邓文迪几乎从不在无意义的事项上浪费时间，更不会让自己长时间沉湎于某种负面情绪。

中学时期，邓文迪便认识到时间的宝贵，每天争分夺秒地学习、练球。无论严寒，还是酷暑，早上五点半便开始练球，一直练到七点。升入高三时，学业负担加重，教练出于为邓文迪的学业考虑，劝邓文迪放弃排球。但邓文迪并未听从教练的劝说，而是选择压缩自己原本就不多的休息时间，争取排球和学业都不耽误。

在美国读书时，邓文迪同样争分夺秒，行动力极强，每天上午十一点结束课业后，便到一家中餐馆打工，一直干到晚上十点，腰酸背痛地赶回家，还要看书到深夜。

所谓"有梦想的人睡不着，没梦想的人醒不了"。邓文迪一再压缩睡眠时间，仍时常感到时间不够用。

即使成为默多克太太，邓文迪从未有过私人秘书。因为在邓文迪看来，秘书和助理往往充当传声筒的角色，很多事情不便于直接表达。这种委婉、含蓄的方式，对于语速偏快、说话从不拐弯抹角的邓文迪而言，几乎是不能忍受的，不仅仅是沟通方式的问题，更重要的是，这种转达会降低双方的沟通效率，甚至容易产生一些不必要的误解。

每当被记者问到不便回答的问题，邓文迪会很直接地说：

第七章 "邓文迪式"成功之路

"我很忙,没空理会这些。"

邓文迪之所以能成为一个传奇,在诸多领域取得成功,外在的机遇固然重要,更重要的是邓文迪身上所具备的这些特质:不在无谓的小事上浪费时间,且具有极强的主动性。

现实不是童话,想要赢得认可,主动出击是个不错的选择。相比许多偏于内敛、传统的中国女性,邓文迪几乎是一个截然相反的对立面。正是这一特点,使邓文迪顺利谋求到理想工作。

嫁给默多克后,邓文迪虽然赢得无数女人羡慕的眼光,头顶豪门光环,可以从此享受安逸的生活。然而,邓文迪的生活也并非像表面看起来的那样光鲜亮丽。邓文迪和婆婆的关系一直较为冷淡。除此之外,邓文迪还要面对默多克与前妻所生的几个子女,加之默多克前妻安娜的刁难……一入豪门深似海。各种琐碎、艰难,局外人往往难以感同身受。然而,邓文迪并没有就此妥协。

众所周知,安娜在与默多克离婚时,故意在离婚协议上附加了一条:默多克去世后,作为妻子的邓文迪无权继承任何遗产。除非邓文迪婚后能生下子女,且默多克去世时,邓文迪的子女不满18岁,邓文迪才能拥有孩子名下的股份。

然而,邓文迪很快扭转了败局,依靠默多克在化疗前存下的冷冻精子,做了试管婴儿,先后生下两个女儿,令安娜的如意算盘落空。事实上，试管婴儿并不像很多人想象的那么简单，需要无数次打针、吃药，过程非常烦琐、辛苦。但邓文迪从未对这段经历进行大肆渲染，仿佛只是寻常小事。

妥善处理家庭事务的同时，邓文迪又积极发展自己的事业，保持经济和精神世界的独立，在赢得默多克尊重的同时，也使自己保有能够随时离开豪门的资本。

人生便是如此，必须软实力与硬本领兼备，才能处理好职场和家庭中的一切，成为真正的人生赢家。

女不强大天不容

"首次和文迪见面是 2007 年，在新闻集团总部办公室里，我当时正为默多克先生撰写传记，所以前往进行外围采访。她刚从健身房出来，穿着健身服。通过见面交谈，我觉得她是个有魅力、有能力、有智慧、多元化、热情、有趣、让人高兴的人。她令人难以置信。"

这是默多克传记的作者沃尔夫对邓文迪的描述,初次见到这个女人,沃尔夫感到十分惊艳,用了一系列具有褒义色彩的词汇形容他眼里的邓文迪。

一个如此耀眼的女人,必定是秀外慧中的,不俗的外表下,有一颗柔韧而强大的心,才能真正具备持久的、打动人心的魅力。也只有内在足够强大的女人,才能散发出如此多元化的气场。

英国诗人西格里夫·萨松在代表作《于我,过去,现在以及未来》中,有一句话非常经典:"心有猛虎,细嗅蔷薇。"

这八个字用来形容邓文迪,再精当不过。邓文迪便是一个心有猛虎的女人,一个内心如男人般强大的女人,而在面对生活,面对自己所爱的人时,又充满温柔和温情。在沃尔夫笔下,邓文迪是一个智慧与野心兼具的女人。

邓文迪的智慧体现在"她很聪明地理解了她在默多克家族里比较艰难的地位"。作为默多克家族中的新成员,邓文迪并不受婆婆和默多克的几个子女欢迎,但邓文迪采取了一种既不对抗,也不迎合的态度,以平和、礼貌的方式竭力与他们友好相处。

在传统观念里,人们比较抵制有野心的女人。但对于当代女性而言,有野心并不是一件坏事,有野心的女人更容易得到自己想要的东西。如今，人们的观念变了，越来越多的人对有野心的女人投以赞赏的眼光。

沃尔夫在采访时发现，在新闻集团内部，只有少部分人因为邓文迪的野心而不喜欢她，在他们看来，邓文迪是一个欲望很强且很有侵略性的女人，有时候在一些事情上的表现比较激进。

事实上，一个人无论多么优秀，多么面面俱到，也总会有人不喜欢。对此，邓文迪看得非常通透，从不为此劳神，她将时间、精力花在更值得的事情上，而不是费尽心机地去取悦那些不喜欢自己的人。

整体而言，邓文迪在新闻集团内部是一个非常受欢迎的女人。在绝大多数同事看来，邓文迪非常强大，对很多事情的见解也很专业。她言谈得体，且永远精力充沛，充满女性的魅力，以至于"办公室里的每个男人都迷恋她"。

精明、强干的邓文迪与性情平和、沉默的默多克之间，似乎具有一种天然的互补性。这使他们成为工作上的好拍档及生活中非常默契的伴侣。然而，邓文迪非常清楚，自己并不是默多克的影子，不是默多克背后的隐形人。在这个多元化、充满变数的时代，没有什么是一成不变的。一个女人要想在婚姻家庭中保持独立和尊严，就必须强大，不能依附于男人而生存。

邓文迪认为：女人只有经济独立，才能获得人格上的独立，进而在婚姻家庭中享有平等的地位，并具备一定的话语权。邓文迪在嫁给默多克后，并没有放弃自己的事业。全职妈妈已经是一项非常繁重的工作，邓文迪要带两个女儿，个中的辛苦和艰难可想而知。即便如此，邓文迪仍保持着向上的动力，她热衷于慈善事业，且一直对影视行业抱有极大热情，担任出品人，像女强人一样在各地飞来飞去。最终，那部由邓文迪参与的《雪花秘扇》，包括前期筹备和拍摄制作，没有花默多克一分钱。

邓文迪嫁入豪门后，一度与婆婆伊丽莎白关系冷淡，因为伊丽莎白一直不满默多克与安娜离婚。虽然不讨婆婆喜欢，但这丝毫没有影响到邓文迪在默多克家族中的地位和话语权。因为邓文迪是一个非常强悍的女人，工作能力极强，在辅助默多克的同时，自己的事业也发展得顺风顺水。她不是依赖豪门而生存的女人，自然不需要看婆婆的脸色，也不必刻意取悦、迎合谁。反之，若邓文迪是一朵完全依附于豪门的菟丝花，便不得不放低姿态，不得不隐忍、委曲求全。这样的态度既无力改变自己当下的处境，对未来也缺少信心和想象力。女人一旦面临这样的局面，往往缺少自救的能力，会陷入恶性循环的怪圈中。

生为女人，一定要足够强大，才能经受得住世事考验，才不至于在婚姻家庭中处于劣势，更独立、坚韧、脚踏实地地去生活。

无论是全职家庭主妇，还是职场女性，都要努力提升自己。世界每天都在发生着日新月异的变化，行业知识飞速更新。在这种时代背景下，女人一定要养成持续学习的习惯，多了解新生事物，才不至于落后。

邓文迪在嫁入豪门后，并未拘囿于自己的小天地，而是广泛参与社交活动和聚会，和各界优秀人士交流，从各界精英身上汲取养分，提升自己的认知水平，开拓自己的眼界。

婚姻想要长久保鲜，双方共同成长非常重要。曾有一位名人表示，自己之所以单身数十年，是因为找不到一个可以聊得很尽兴的女人。在某种程度上，只有内心同样强大而丰富的人，才能同频共振。

所以女人的内在很重要。一个一天换一套衣服，一年也不给自己更新一点知识的女人，即使有花容月貌，往往一开口，就让人兴味索然。

对此，邓文迪深有感触。邓文迪衣着时尚，且品位不俗，却从未沦为单纯的"衣架子"。无论出现在什么场合，无论对方是什么来头，邓文迪永远言谈得体，举手投足间散发出一种独有的风采和魅力。

归根结底，女人的强大，体现为经济上的独立和精神上的持续成长。

第七章 "邓文迪式"成功之路

现实生活中,常常有人将强大和强势混为一谈。事实上,这是完全不同的两个概念。强大体现为内在的坚强、柔韧,而非外在的咄咄逼人。

世界就像一面镜子,当你以强势的姿态面对他人时,他人也往往回以冰冷、对抗。一次,维多利亚女王与丈夫阿尔伯特亲王发生了争吵,亲王赌气回到了卧室,不肯开门。女王在发完火之后也开始后悔了,便来敲卧室的门。亲王在房间里边问:"谁?"女王想也没想就回答:"女王。"没想到亲王既不开门,也不理她。女王生气了,再次敲门。亲王又问:"谁?"女王答道:"我是维多利亚。"亲王依然不出声也不开门。女王无奈,只好再次敲门。亲王又问:"谁?"女王这次温柔地说:"我是你的妻子。"这次,亲王把门打开了。

大英帝国的女王尚且要卸下铠甲,何况寻常女子?所谓"钢极易折",一个盛气凌人,时时处处都想要压别人一头的女人,又怎么会受人喜欢呢?

邓文迪虽然精明、强干,却极少展现出强势的一面。在家中,她是默多克的妻子,两个女儿的母亲,平时像普通的家庭主妇一样,也会亲自下厨做饭,对默多克轻言细语,叮嘱默多克吃营养、健康的食物。在女儿的教育上,邓文迪更是循循善诱,从来不会过分勉强女儿。

在温柔的母爱里长大的孩子,才能保有这样活泼的天性,对世界没有攻击性,也不畏缩,像沐浴阳光和雨露长大的植物,散发着活力。

除了对家人温柔,即使面对陌生人,邓文迪也从不咄咄逼人。邓文迪讲话时的语速较快,因其一贯注重效率。但邓文迪讲话时总是面带微笑,所以即便语速很快,也不会给人以强势之感。

事实上,很多和邓文迪接触过的人,都觉得邓文迪是一个非常亲和、有趣的人。邓文迪擅长且热衷于社交,即使是初次见面,也能迅速拉近自己与对方的距离。邓文迪身上有一种经过历练的成熟和魅力,让人不由自主地想走近。强大、热情、自信……这些特质都是邓文迪最好的名片,也是邓文迪交际广泛、朋友众多的重要原因。

一个女人想做到强势并不难,难的是让周围人都默许这种强势。

第八章
彪悍的人生不需要解释

1 理智是女人的顶级魅力

对于一个女人而言,理智,往往比美貌更重要。理智,是岁月沉淀下来的智慧,是一种更高级的思维能力。

从耶鲁大学商学院毕业的邓文迪,身上有一种与生俱来的理性,对世事和人心有着清醒而理智的认知,对自己的事业及人生目标,也有着清晰的规划,一直都非常清楚自己想要什么,明确自己所走的每一步。

在现实生活中,往往有一些人对"理智"这一较常见的词语存在误解,认为理智的人是偏于刻板的,他们的脑海中充满了各种数字和公式,将日常接触到的一切人和事物精准化,对于生活和我们赖以生存的世界缺乏美好而感性的想象。即便是面对自己爱的人,也更多呈现出硬朗的一面,缺少温柔的情意。

第八章
彪悍的人生不需要解释

这是一个非常严重的认知误区。事实上，就女人而言，越理智的女人，往往越懂得感性的力量，也更善于通过感性的方式赢得人心。

邓文迪在拍摄《雪花秘扇》时，原本拟定由章子怡担任影片中的女主角，但章子怡因身体和档期等原因，不得不退出了这一项目。在邓文迪的协调下，项目的进程并没有因为章子怡退出而受到影响。邓文迪经过周密分析和考量后，很快锁定了更合适的人选——李冰冰。但邓文迪在找李冰冰拍戏的过程中，却几度被拒。李冰冰当时正忙得不可开交，在各地飞来飞去。

邓文迪并未放弃，而是向李冰冰发起了穷追不舍的感情攻势。李冰冰去香港，邓文迪便追到香港；李冰冰去台湾，邓文迪便赶紧订机票飞到台湾。最终，李冰冰被邓文迪的执着和诚意所打动，同意出演《雪花秘扇》，并向人打趣道，如果有哪个男人像邓文迪一样执着，自己一定很感动。

邓文迪正是通过这种看似不够理智的"死缠烂打"的方式，大打感情牌，达成了自己的目标。

理智,最重要的一个表现,就是不情绪化。情绪化,是绝大多数人身上都或多或少存在的一种特质。但情绪并不能解决问题,甚至会催生出新的问题,使原本的小烦恼演变成棘手的大麻烦。

第八章
彪悍的人生不需要解释

日常生活中,无论遇到什么问题,都应该保持理智、冷静。很多人都明白这个道理,但在遇到麻烦时,还是难免情绪化,甚至会被负面情绪冲昏头脑,做出极其错误的判断和行为。

邓文迪一贯的处世准则是理智、高效,几乎从来不被情绪所左右,即使是处于人生重大变故的时候。2013年,得知默多克要与自己离婚的消息时,邓文迪正与朋友们聚会。这一极不友好的消息,冲淡了聚会上热闹、欢乐的气氛。对于毫无思想准备的邓文迪而言,这一消息来得太过突然,无异于晴天霹雳。

虽然邓文迪并不是依附豪门生存的女人,离开默多克仍然可以活得足够精彩,但一个共同生活了14年且共同养育了两个女儿的男人,一朝忽然要与自己一刀两断,从此划清界限,对于任何一个女人来说,都是一件一时难以相信和接受的事情。

面对这样的情况,可能大多数女人都少不了陷入情绪化,甚至做出歇斯底里的举动。但邓文迪迅速冷静下来,理智而平和地处理了一切。

理性的女人对自身处境,永远有着清醒的认知,她们不会强求一切遵循自己的心理预期运行,更不会轻易情绪失控,使自己陷入崩溃的境地。

邓文迪很清楚,默多克心意已决,自己无论做什么,说什么,都改变不了默多克的决定。既然如此,不如坦然地接受这一切。接下来，邓文迪并没有过多地消耗自己的时间、精力，而是将相关事务交由律师处理，与默多克和平离婚。

曾经爱过，也痛过；欢笑过，也忧虑过。邓文迪的人生虽然因为与默多克的婚姻而充满传奇色彩，然而，历经世事沧桑后，邓文迪并未因此消沉，反而变得更加成熟而理智，整个人显露出别样的气质。

不乱于心，不困于情。不忘过去，不畏将来。这两句话用来形容邓文迪，再适合不过。

她是一个理智而强大的女人，并没有因为婚姻破裂而自乱阵脚，也没有从此自暴自弃。邓文迪的内心仍然充满爱和光，对生活，仍充满激情；对自己的未来，仍充满期待。

邓文迪对过去，对默多克，仍饱含情意。两人虽然离婚了，但邓文迪经常带着两个女儿去看望默多克，使孩子们和默多克有更多时间相处。

联想到两人在法庭上分别时，邓文迪轻吻默多克，在默多克耳边呢喃了一句："谢谢你。"这一举动并不是故作姿态，而是发自内心的感激。

邓文迪也曾在爱里受到伤害，但人至中年，仍不惧流言，勇敢追求爱情。与默多克分道扬镳后，很快结识了新的男友。不惧世间飞短流长，不在意外界的眼光。

名副其实的"虎妻"

曾经有人说,每一个成功男人的背后,都有一个强大的女人在撑着。这样的女人,往往在家庭和社会中扮演着"虎妻"的角色。她们强大、坚韧,既能吃苦耐劳,又不乏处世的智慧。"虎妻"式的女人,虽然有彪悍的一面,却是可爱的。在赢得异性爱慕和尊重的同时,也备受同性的钦佩。

2011年7月19日,默多克及其子詹姆斯·默多克出席英国议会听证会时,意外遭到袭击。事发时,邓文迪以一个类似排球扣杀的动作反击了袭击者。

媒体形容邓文迪当时的反应犹如老虎一般迅猛,而邓文迪的这一举动也给默多克带来诸多显而易见的益处:新闻集团的股价因此上浮。邓文迪此举也维护了默多克的尊严,并在一定程度上向世人证明了二人之间一直饱受争议的感情。

此事之后，邓文迪便被贴上了"虎妻"的标签。很多男人为此发出由衷的感叹：娶妻当娶邓文迪！

默多克虽然在财富和社会地位上有着无可比拟的优势，但从他与邓文迪性格的角度来看，他们俩却是典型的"女强男弱"的结合。默多克性情平和、内敛，在日常生活和工作中，是一个沉默的、惜字如金的男人。邓文迪则刚好相反，热情奔放，与人交流时的语速也较快。从性格互补的角度而言，默多克和邓文迪无疑是非常好的组合。

事实上，在此之前，邓文迪在工作和家庭生活中便是名副其实的"虎妻"。邓文迪精力非常充沛，永远干劲儿十足，且对自己和身边的工作人员要求都很高。在新闻集团内部，"邓文迪"三个字，绝对可以令人心惊胆战。因为邓文迪对工作人员非常严格，不能容忍微小的瑕疵和纰漏，工作人员不得不花费更多的时间和精力专注于工作。

不止工作人员，甚至默多克本人也多次在媒体面前表示，自己是在为邓文迪工作，为了跟上邓文迪的思路，常常要做出一些调整。

一个女人想做到强势并不难，难的是让周围人都默许这种强势。本质上，这种强势是靠才干、能力、眼光等多方面的优秀素

第八章
彪悍的人生不需要解释

质支撑起来的。

而邓文迪本就是一个有能力、有手腕的女人。在嫁给默多克后，长期的耳濡目染，使邓文迪的羽翼更加丰满，眼界、见识也更加开阔。

在筹拍《雪花秘扇》之前，邓文迪和章子怡便已结下深厚情谊。后来章子怡因为档期、身体等方面的原因，难以兼顾拍摄。为了确保这部影片的顺利推进，邓文迪将眼光锁定在同样具备国际市场潜力的李冰冰身上。邓文迪和李冰冰并不熟，却最终成功说服李冰冰出演了这部影片。

毕业于耶鲁大学商学院的邓文迪是一个智商很高的女人，对新生事物的接受能力也很强，即使是从未接触过的领域，她也能迅速摸到其中的门道。这使邓文迪在工作中往往游刃有余，对于邓文迪提出的建议，工作人员都很少反驳。

在和李冰冰相熟后，邓文迪曾向李冰冰建议，要尽可能多地与国际电影团队合作，即使只是出演一个小角色。李冰冰采纳了邓文迪的建议。事实也证明，邓文迪具有非同一般的战略眼光。一个女演员需要更好的包装和渠道，也需要更大的展示自己的舞台，才能真正走向全世界。

在与默多克组建的家庭中，邓文迪也处于绝对的主导地位，日常生活和家庭事务几乎都由邓文迪打理。一方面是因为默多克有更重要的事情要做，另一方面也是因为默多克对邓文迪的理念、处事能力等非常认可，可以放心地将整个大后方交给她。

在邓文迪之前，默多克还有过两任妻子。但论及社交风采和能量，邓文迪无疑是其中的佼佼者。很多与邓文迪相熟的人表示，邓文迪表面是一个颇具风情和魅力的女人，骨子里却是一个男人。

邓文迪虽然是"虎妻"，有着彪悍、强势的一面，却懂得审时度势，该强势时强势，不需要强势时，也会放低"大女人"的姿态，做个温柔且善解人意的小女人，给足男人面子。邓文迪知道，有时候"柔弱胜刚强"。聪明的女人懂得如何利用温柔的力量。

现实版的"灰姑娘"

现实生活中,有些人往往有这样一种偏见:一旦发现有人在某一领域取得了非凡的成就,或者轻易做到了自己很难做到的事,就会将之归结于运气,或是揣测对方背后有强大的资源和财力助推。人们很少会发自内心地承认身边一些人所拥有和获得的一切是靠奋斗得来的。

从心理学的角度来看,真正让人产生嫉妒的,不是陌生人的发迹,而是身边人的辉煌。因为这种辉煌会让人在内心深处产生一种对比,落差和失落感就这样诞生了。

1999年,邓文迪嫁给了传媒大亨默多克。这桩豪门婚姻使邓文迪一时成为诸多媒体和世人关注的对象。在很多人看来,邓文迪是现实版的"灰姑娘",媒体更将邓文迪形容为"麻雀飞上枝头变凤凰"。

几乎在一夕之间，这个平凡的女人成了一则传奇。一些之前对邓文迪不了解的人对其充满了好奇，邓文迪的过往经历更是成为人们茶余饭后的谈资。

邓，是一个常见的中国姓氏；"文迪"二字，则带有一些西式的味道——一些对邓文迪不了解的人，由此判定邓文迪家世背景雄厚，很可能从小在国外长大。人们之所以这样想，也是基于很现实的原因：豪门往往倾向于"强强联合"，也就是所谓的"商业联姻"。以默多克的身家和背景，怎么会娶一个名不见经传的普通女人呢？这是童话故事里才会发生的事情。

事实上，"灰姑娘"的故事在现实生活中也是存在的。邓文迪并非出生于富贵显赫之家，邓文迪的父母都是普通的工薪阶层，并不能只手遮天。邓文迪出身普通，相貌也称不上美艳，只身一人在美国打拼。

在嫁给默多克之前，除了耶鲁大学商学院的光环，邓文迪身上并没有什么特别值得称道的地方，甚至还有过饱受诟病的情史。

在外界看来，邓文迪终止在国内学业的同时，轻松获得了切瑞夫妇的资助，到美国求学，全无后顾之忧。事实上，切瑞夫妇也只是为邓文迪帮忙办理出国事宜，提供初到美国的住处，为邓

第八章
彪悍的人生不需要解释

文迪在美国的学业和发展提供建议等。

初到美国，邓文迪先在加州大学洛杉矶分校学习了半年英语。在此期间，邓文迪和很多来自普通家庭的留学生一样，四处寻找兼职的机会。邓文迪希望可以自食其力。很快，邓文迪联系上一家名为"四川饭庄"的中餐馆。来这家餐馆吃饭的，除了华人，还有一些外国人。邓文迪的英语口语能力有限，并且是第一次工作，对一切都感到新鲜、好奇，心头带着几分忐忑。上班第一天，邓文迪便打碎了盘子，老板因此将邓文迪解雇。对任何一个人，被解雇都不是一件光彩的事情。但邓文迪并没有因此气馁，很快找到了另一份刷盘子的工作。

邓文迪每天要刷洗无数个盘子，有时也会做一些打包之类的活。这份单调且重复性极强的工作，邓文迪坚持干了很长时间。依照世俗的眼光来看，刷盘子并不是一份体面的工作，但邓文迪却很难得地从中发现了乐趣。"一小时就可以赚 4 美元，而且我是女孩子，每天拿的小费还特别多"。

这是邓文迪人生中第一次自食其力。虽然每天的工作又脏又累，但邓文迪的内心是踏实和自豪的，觉得脱离了父母的庇护，自己仍然能把自己照顾得很好。

与此同时，邓文迪每天还要刻苦学习，背诵英文单词。为了更快提升自己的英语，邓文迪在刷盘子的时候也会格外留意身边人的对话和发音。就这样,邓文迪的沟通越来越顺畅,很快被调离了后厨,开始了"端盘子"的生涯。

这份工作不仅使邓文迪赚到了生活费,也给邓文迪带来了成就感。时隔多年,邓文迪回忆起这段经历,语气仍是愉快的,"我是个很乐观的人。刷盘子时,我不觉得自己会干一辈子。就算我现在一下子什么都没有了,我觉得自己也可以过得很好,因为我受过良好的教育"。

邓文迪确实是一个非常乐观的人,并且一直有着清晰而明确的目标。即使做着最低微的工作,却很清楚一切只是暂时的,笃信自己不会一辈子做一个刷碗工。对于生活,邓文迪从不惧怕失去什么。这是内心拥有强大底蕴和自信的女人才能有的笃定。

在加州大学洛杉矶分校学习了半年英语后,邓文迪的英文水平得到了极大幅度的提升,并且顺利申请到加州州立大学北岭分校就读。在加州州立大学北岭分校学习期间,邓文迪接触和学习了会计课程,在会计所找了一份看起来轻松、体面的工作。提起这份工作,邓文迪时常会对别人打趣,薪水还不如刷盘子高,因为没有小费拿了。

在美国的打工经历,使邓文迪切身体验了"知识就是力量"这一朴素的真理。当一个人的知识、技能十分薄弱时,往往只能从事一些最底层的、基础性的工作。而邓文迪希望自己的人生能够拥有更广阔的舞台，不仅仅是在会计所、中餐馆这样的地方工作。

凭借一贯的聪明和努力学习的精神，邓文迪顺利申请到耶鲁大学深造。在耶鲁就读时，邓文迪将更多时间和精力放在了学业上。一是因为之前一直勤工俭学，攒下了一部分学费和生活费，经济上的负担小了；二是耶鲁的课业较繁重。

当时，邓文迪和李宁的太太陈永妍是室友。邓文迪向来喜欢交际，且为人又热情、坦率，很快便与陈永妍成了朋友。在陈永妍的介绍下，邓文迪得以到李宁的公司工作。这是邓文迪在美国最快乐的一份工作，也使邓文迪从此彻底终止了在中餐厅打工的生涯。

在耶鲁大学商学院攻读期间，邓文迪非常刻苦，因为这所学府几乎集中了世界各地最聪明的学生。而邓文迪向来好强，担心稍一懈怠，就会被甩在后面。周末的时候，邓文迪经常废寝忘食地泡在图书馆里，也经常追着老师请教。邓文迪虽然聪明过人，但毕竟不是世所罕见的天才，也需要付出百倍的努力。

能够在耶鲁大学这样的顶级学府学习，邓文迪心中是自豪的，与此同时，也伴随着很大的学业压力。在耶鲁的校园中，邓文迪不再是星辰般闪耀的存在，而只是耶鲁莘莘学子中的寻常一员。这种落差感、压力以及初入学时内心的战战兢兢，可能很多人都或多或少有过切身体验。

外界只看到表面的荣光，看到邓文迪轻易考入耶鲁大学，而后又风光大嫁，成为世界顶级豪门阔太，从一个普普通通的中国女孩，走上了国际化的大舞台。

一路行来，邓文迪的人生从来不曾容易过。所有的成功和荣光的背后，都有旁人看不到的艰辛、汗水，甚至充满了误解、攻讦……

邓文迪曾表示:"我是一个积极进取、凡事追求完美的人,无论做什么,我都尽心尽力,在朋友和家人需要帮助的时候,我总是随时伸出援助之手。人生充满了跌宕起伏,不管顺境逆境,我都会找到美好的东西,使生活尽可能完美。"

邓文迪以自己的亲身经历,生动演绎了这样一个真理:找到自己的目标和方向,并为之不懈地努力,终会迎来辉煌。